Das Leben und die Erfahrungen eines wahren Hermetikers

Im Anhang zwei Handschriften
von Franz Bardon

Anion – Ariane – Arion

Mein Dank geht an Peter Windsheimer für das Design des Titelbildes. Des Weiteren an Ariane und Michael Sauter.

Herstellung und Verlag:
BoD – Books on Demand, Norderstedt
ISBN 9783746033631

Inhaltsangabe:

Vorwort... 5

1. Meine neue Geburt... 6
2. Ein neuer Anfang... 9
3. Gottverbundenheit... 11
4. Parmasa... 13
5. Die Mantrams.. 14
6. Die Hüterin der Schwelle................................. 15
7. Die wahre Runenmagie.................................... 17
8. Der Bardonkreis des Bundes............................ 19
9. Die 12 Schüler des Meister Arion..................... 21
10. Introspektion?... 22
11. Die Wesen des Erdelementes 24
12. Die Wesen des Wasserelementes...................... 26
13. Die Wesen des Luftelementes.......................... 29
14. Die Wesen des Feuerelementes........................ 30
15. Mein Freund Kuluch....................................... 34
16. Der unfreiwillige magische Mord..................... 35
17. Dämonologie... 38
18. Logen, Vereinigungen und andere seltsame Leute......... 41
    Die Templer... 43
    Zerstörung einer Gemeinschaft.......................... 44
19. Die Gottheit Christus...................................... 46
20. Shiva, der Gott der Zerstörung........................ 49
21. Die Macht... 50
22. Die Liebe.. 52
23. Die Weisheit.. 54
24. Das Bewusstsein.. 55
25. Der Glaube.. 57
26. Bekaro, mein strenger Lehrer........................... 58
27. Die Mondsphäre... 63
28. Egoismus.. 64
29. Im Bereich des Dämons................................... 65

30. Ufologie.. 67

31. Ein Brief eines Schülers und meine Antwort................ 69

32. Außerkosmische Planeten................................... 73

    Uranus... 73

    Neptun... 74

    Pluto.. 74

33. Der Schutzgeist... 75

34. Eine notwendige Kur.. 76

35. Der persönliche und unpersönliche Gott.................. 82

36. Zeit und Ewigkeit.. 84

37. Die höheren Ebenen... 84

38. Meine Vorverkörperungen.................................. 90

Nachwort:.. 94

Anhang: Zwei Handschriften von Franz Bardon...................... 95

    Mimische Formel-Quabbalah zur Heilung.................. 97

    Die St. Johannis-Evokation................................ 101

    1. Abschrift.. 112

    2. Abschrift.. 116

Vorwort:

Der Grund in dieser Neuauflage der Autobiografie von Anion liegt darin, dass sich durch die Entwicklung der Menschheit ein Tor geöffnet hat, durch das wir mehr Informationen veröffentlichen dürfen. Das, was Anion vor Jahrzehnten schrieb, war genau für die damalige Zeit bestimmt, es war vollkommen richtig für die 90er Jahre des letzten Jahrhunderts. Doch die Zeiten wandeln sich. Des Weiteren wussten wir nicht, dass wir die Ur-Runen herausgeben durften oder die anderen Werke von Anion, wie das zweite und dritte kleine Arkanum und insbesondere „Das Buch Anion"!

Als wir vor Kurzem erfuhren, dass es an der Zeit ist, zwei Handschriften von Franz Bardon preiszugeben, überarbeiteten wir gleichzeitig damit diese hermetische Autobiografie, und brachten zu Ehren von Anion in seiner Lebensgeschichte die beiden Schriften des Meister Arion

- Mimische Formel-Quabbalah zur Heilung
- St. Johannis-Evokation

zum ersten Mal im Lande der Dichter und Denker ans Tageslicht. Bekommen haben wir diese Schriften von Frau und Herrn Schwarzt, weshalb ich mich hierfür bei den beiden leider verstorbenen Meistern herzlich bedanken möchte.

Nun wünsche ich den hermetischen Schülern beim Studieren dieser wirklich sagenhaften Schriften lehrreiche Stunden.

Hohenstätten

1. Meine neue Geburt

In der Nacht zum 14.01.1951 begann mein denkwürdiges Leben auf der stofflichen Welt. Meine Eltern berichteten mir, dass sich mein Leben nur nachts abspielte, am Tage habe ich stets tief und fest geschlafen. Erst nach Sonnenuntergang begann mein Wachzustand zu arbeiten. Dieses Verhalten hielt sich bis zu meinem 6. Lebensjahr. Mein Vater war damals sehr krank und war mehr als ein Jahr im Krankenhaus. Als er einmal beurlaubt wurde, hatte er als Choleriker sehr mit mir geschimpft. Ich hob einen Stein auf und drohte meinen Vater aus Angst ihn umzubringen. Mein Steinwurf traf meinen Vater schwer am Kopf. Voller Wut wollte er erzieherische Maßnahmen ergreifen. Weil es Sommer war, trugen wir beide kurze Hosen. Ich lief sofort in ein großes Brennnesseleld, verspürte aber keine Schmerzen. Mein Vater folgte mir und nach etwa zehn Metern gab er auf, sehr von den Nesseln gepeinigt. Soweit meine jüngere Kindheit, in der ich ansonsten sehr lieb war.

Mit meinem 9. Lebensjahr begann ein anderes Kapitel. Ich wurde katholisch erzogen und nahm diese Sache sehr ernst. Ein Pastor, der die vierpolige Heiligkeit erreicht hatte, verhalf mir zu einem sehr tiefen Glauben. In den Kirchen fühlte ich mich nicht wohl und wenn ich das kindliche „Vater unser" sprach, dann in einem Feld oder Wald, denn mit niemandem wollte ich mein Gebet teilen, welches ein besonderen Charakter hatte. Ich stellte mir den Vater im Himmel greifbar imaginativ vor, sodass ich eine gute Verbindung zu dem weisen Herren bekam. Wenn der Wortlaut kam „Unser tägliches Brot gib uns heute", hielt ich beide Hände auf und der Herr legte mir etwas da hinein. Oft sagte ich: „Das ist aber doch kein Brot", und der Herr sprach: „Vom Brot allein lebt man nicht." Im Allgemeinen war ich mit dieser Antwort zufrieden. Als im Gebet die Passage kam „Vergib mir meine Schuld", so übte ich gleich an Ort und Stelle Introspektion und versprach zur Buße mein liebstes Spielzeug zu verschenken. Und so lebte ich in einer wundervollen Harmonie im Einklang mit dem, was ich glaubte. Ich erhielt damals viel Intuition und Inspiration gerade in diesen Gebeten, weil ich mit meinem Gott auf Du und Du war. Diese Verbindung hielt ich lange aufrecht, bis mich meine Kindheit verließ. Mich unterschied nichts mehr von anderen Menschen im gleichen Alter, außer dem Vorteil, dass ich damals schon sehr ausgeglichen war, wodurch ich viele Leute beeinflussen konnte. Auch dass ich meine Ehefrau kennenlernte, war ein Schachzug gut geordneter Planung. Denn als ich sie das erste Mal sah, sie aber nicht kannte, sprach ich zu ihrem Bruder: „Das wird meine Frau".

Dann kam die Zeit, in der das Schicksal die schwersten Prüfungen zubereitet hat. Oftmals waren die Schicksalsschläge so stark, dass ein Weiterleben unmöglich schien. Es beförderte mich mitsamt der Familie in das tiefste Tal voller Morast, wobei nur das nackte Leben von gewissem Wert war. Diese Zeit hielt sehr lange an und ich gönne es keinem Sterblichen, so etwas durchmachen zu müssen. Diese Zeit der Prüfungen hat bis zum heutigen Tag volle Gültigkeit und nur mein Weg brachte mich aus dem stinkenden Morast heraus und ich bekam langsam Boden unter den Füßen. Sicher schlug das Karma unvermindert weiter, aber es konnte mich nicht mehr so treffen. Ich sah in der Ferne ein Licht, welches mich an meine alte Gottheit erinnerte. Ich fand es erstrebenswert, sich diesem Licht zu nähern, wobei die Bücher von Franz Bardon mich zunächst dazu anhielten, allerlei Unfug zu treiben. Das hängt mit meinem Vorleben zusammen. Wie zum Beispiel bei einer kurzen Gefängnisstrafe die gesamte Wachkompanie tief zu hypnotisieren, wobei ich ihnen befohlen habe, mir die scharf geladenen Waffen auszuhändigen und ansonsten in einem tiefen Schlaf zu verweilen. Ich ging hinaus in eine strahlende Sternennacht und tat, was mir gefiel. Am Morgen machte ich die Hypnose rückgängig, so dass es niemanden auffiel, was geschehen war. Und so begab ich mich jede Nacht in die Freiheit. Dies war aber nur der Anfang des Unfugs! Nachdem ich von der Bundeswehr entlassen wurde, wohnte ich eine Zeitlang in Dortmund-Marten, wobei ich ein besonderes Auge auf das Buch „Die Praxis der magischen Evokation" warf, um ein Wesen der Venusebene herbeizuzitieren. Da ich die anderen Ebenen noch keinesfalls betreten hatte, war dies ein sehr schwieriges Unterfangen. Deswegen beschloss ich mit einem Medium zu arbeiten, wie viele andere unreife Autoren empfahlen. Nach kurzer Zeit hatte ich eine geeignete Person gefunden, mit der ich zunächst allein in einen wohnlich eingerichteten Keller ging. Ich setzte ihm einen Hypnoseblock auf nichts zu reagieren, als auf das Wesen Hagiel. Ich selbst hatte eine gut angeborene Imagination, versetzte mich in ein wundervolles, mit Worten nicht zu beschreibendes Grün, welches auf der grobstofflichen Welt nicht zu finden ist! In diesem Licht sprach ich meine Gottheit an, sie möge mir zu Hilfe eilen. Ich fühlte mich plötzlich sehr gut und begann ganz leise zunächst den Namen „Hagiel" zu rufen – in diesem grünen Licht. Ihr Siegelzeichen imaginierte ich ebenfalls, bis es mir schien,

7

als würde sich eine sehr große Königin nähern und ich bemerkte, dass ich ihr mental wohl nicht standhalten konnte und so ließ ich das Licht erblassen, aber ich rief umso lauter den Namen. Auf stofflicher Ebene angekommen, öffnete das Medium plötzlich die Augen, die Atmosphäre im Raum wurde lieblich und eine veränderte Stimme sprach mich mit folgenden Worten an: „Was willst Du von mir? Dein Vorgehen ist gegen das Gesetz!"

Ich antwortete, dass ich im Moment keine andere Möglichkeit hätte, mit ihr zu sprechen und sie möge mir verzeihen.

Hagiel machte mir den Vorwurf, kein weibliches Medium ausgesucht zu haben. Das wäre analog den Gesetzen. Ich fragte noch einmal: „Bist Du wirklich Hagiel", worauf sie antwortete: „Wenn Du Beweise brauchst, so stelle Bedingungen!"

Dies traf sich gut, denn ein Störenfried klopfte während der ganzen Operation vor das Kellerfenster. Ich öffnete es und sprach zu dem jungen Mann, er möge nur herunterkommen, um seine Neugierde zu befriedigen. Als er das Kellerzimmer betrat, schien die Schwingung des Wesens den sonst so aggressiven Menschen zu beschwichtigen. Das Medium vollzog eine einfache Geste, worauf der junge Mann in tiefe Ohnmacht fiel. Erst nach 30 Minuten erwachte mein „Freund" wieder, um fluchtartig den Keller zu verlassen. Von da an hörten die Störungen auf. Mit der Zeit gesellten sich 12 Leute um das Medium. Wir verlebten allesamt zwei harmonische Jahre, mit vielen seltsamen Erlebnissen, bis hin zu einer echten Evokation. Zu dieser Zeit fühlte ich mich mächtig, worunter aber der Glaube litt. Nun waren sieben sogenannte Erwachsene und fünf Jugendliche in diesem ersten „Bardon-Kreis". Ehre und Macht standen gesellschaftsgetreu den Älteren zu, so glaubten sie. Man versuchte mich vom „Thron" zu stoßen, ohne zu ahnen, was sie mit dem Harmoniebruch heraufbeschwören würden. Hagiel zog sich zurück, an ihrer Stelle schlich sich ein dämonisches Wesen ein. Hagiel informierte mich aber, so dass ein großes Wissenskapital in meinem Wissen eingebunden war. Zu der Zeit nahm ich nur noch selten an den Sitzungen teil. Der „Zirkel" wurde meinerseits untergraben, indem meine Kontaktfreudigkeit selbst mit diesem Dämonen Früchte trug. So begab ich mich eines Samstag abends zu dem Zirkel, um die Bitte zu äußern, selbst einmal Medium zu sein. Das Chaos nahm seinen Lauf, eine 22-jährige Frau wurde hysterisch, verließ ihren Platz, um mit einer Hand den fünf Zentner-Schrank hochzuheben, der das Wohnzimmer zierte. Ein schlimmes Knacken deutete an, dass der Schrank in kurzer Zeit am Eigengewicht zu zerbrechen drohte. Ein anderes hochangesehenes Mitglied verließ in Panik das Zimmer, ohne die Klinke der Tür zu bedienen, wobei ein nicht geringer Sachschaden entstand. Das altgediente Medium hob gerade das Sofa mit vier Personen, als unerwartet mutig von meiner Frau ein magisches Schwert in den Rücken des Mediums gestochen wurde. Dieses schrie und nach vorn stürzend verlor es das Bewusstsein. Nun beendete ich den Spuk, um den noch Anwesenden zu sagen, mit welchem „hochheiligen" Wesen sie im Kontakt standen. Alle standen wie erstarrt auf der Stelle. Dies war das Ende des Zirkels. Nur mein Freund und Medium blieb besessen, welches mit größter Mühe befreit werden konnte. Durch die Hilfe eines hohen Wesens, welches mir auferlegte, nicht ein Wort über die Austreibung zu erwähnen. Gemäß dessen beende ich hier das erste Kapitel.

2. Ein neuer Anfang

Mit dem Verlust Hagiels und anderen Wesen aus der Erdgürtelzone begann die Zeit, wo ich innerlich total leer und unzufrieden war, denn zu der Zeit hatte ich aus karmischen Gründen keine Möglichkeit, irgendwie mentale oder astrale Empfindungen zu haben, weil ich noch immer einen Pakt aus meinem meiner Vorleben abzutragen hatte. Aber dazu später mehr. So begann ich alte Rezepturen über Hexensalben oder fluidische Kondensatoren, die die Mentalmatrize lockerten, zu lesen. Jeder wird verstehen, dass die Rezepturen von mir nicht niedergelegt werden, um Missbrauch zu verhindern. Ich erfand ein sehr gutes Elixier, welches mich augenblicklich mental aus dem Körper trieb. Es bedarf wohl keiner Erklärung, dass dieses Mittel recht giftig und ungesund war. Letztendlich half nur ein Arztbesuch, der in der Klinik endete. Mittlerweile war die Elementeverschiebung so groß, dass mein Geist sich verselbstständigte, um aus dem Körper aufzusteigen. Schon damals lernte ich viel über die astrale Ebene, allerdings zu Ungunsten meiner Gesundheit. Ich konnte mit niederen Astralwesen Kontakt aufnehmen, unterhielt mich mit Verstorbenen oder tat sonst etwas, was mir Freude bereitete. Als mein Körper fast anfing zu sterben, wurde ich eines Tages mental in die Höhe geschleudert, um Bekanntschaft mit drei Wesen zu machen, die mir wohl das Leben retteten. Folgendes geschah:

Ich wurde in einen Raum geführt, welcher drei Wände hatte. Ich sah auf der linken Seite viele Symbole an die Wand geschrieben. Dies, so wurde mir gesagt, sei meine Vergangenheit. An der Wand in der Mitte standen Symbole, die ich nicht kannte, aber dennoch einen unangenehmen Eindruck in mir hinterließen. Ein Wesen aus der Astralebene, welches mir recht hoch vorkam, sprach zu mir: „Dies ist Dein gegenwärtiges Leben, und wenn Du so weiter machst, wird diese mittlere Seite nicht vollgeschrieben und die rechte Seite wird leer bleiben!"

Weiter sagte es: „Die Mitte ist für Dich das Wichtigste, denn sie wird beeinflusst von der Vergangenheit, ebenso vermittelt die Zukunft der Gegenwart etwas. Nun kannst Du erkennen, welche karmischen Folgen auf Dich zukämen!"

Ich war sehr überrascht über diese deutlichen und harten Worte und hinter mir sprach eine Stimme: „Du hast eine Mission übernommen, die sehr wichtig ist und von Dir und Deiner Frau am besten vertreten werden kann. Erwache endlich aus Deinem Schlaf, damit Du Deine eigene Größe erkennst! Du hast Dich jetzt schon karmisch sehr belastet und ziehe die Lehre daraus, andere Menschen, die hermetisch arbeiten wollen, stets zu warnen, denn das Schicksal ahndet hart, wie Du selbst an Deinem Leben gemerkt hast."

Plötzlich war ich allein in diesem Raum. Eine tiefe Traurigkeit nahm Platz in mir und langsam erschien das Bild, wie Meister Arion uns beauftragte, einen Kreis von wahren Schülern zu bilden. Er unterließ es nicht, mir geeignete Fähigkeiten zu übermitteln und teils machte er mich aufmerksam auf Fähigkeiten, die ich bereits hatte. Nun wurde mir alles klar und ich legte den Eid ab, dass alle Seiten des Raumes sich mit Symbolen füllen werden. Ganz getreu wollte ich alles geben, bis zum Letzten meine Aufgabe durchzuführen. Dieses ganze Geschehen spielte sich materiell tief in der Nacht ab, und zu meinem Erstaunen nahm meine Ehefrau etwas Seltsames vor ihren Augen wahr. Meister Arion stand am Fußende des Bettes, er trug orientalische Kleidung, sein Kopf war bedeckt mit einem weißen Turban. Er sah aus wie Krishna und schaute auf mich.

Nun begann eine Phase der Neuentwicklung. Ich nahm den *Adepten* in die Hand, um die beiden ersten Stufen gleichzeitig in die Praxis umzusetzen. Oft fühlte ich mich sehr allein, aber Schritt für Schritt tastete ich mich an die vorgeschriebenen Übungen, die mir mitunter sehr schwer fielen, andere hingegen gelangen mir auf Anhieb, Stufe um Stufe. Langsam änderte sich mein Lebensstil, durch die Introspektion wurde ich langsam aber sicher immer ausgeglichener.

Nachdem einige ehemalige Schüler Bardons, die mit dem Meister direkt gearbeitet haben, auf seltsame Art und Weise meiner Frau enthüllt wurden, begann ich zu reisen. Zuerst traf ich mich mit Ernst Quintscher, meine Frau beauftragte ich, schriftlichen Kontakt mit Maria P. aufzunehmen. Als Nächstes reiste ich fünf Mal nach Prag zur Irena N., denn sie hatte viel unveröffentlichtes Material von Franz Bardon, welches ich unter schwierigsten Umständen nach Deutschland brachte. Außerdem besuchte ich Herrn M. in Prag, der mir die gemalte 4. Tarotkarte schenkte, nebst einigen geheimen Schriften Bardons. Alle erzählten mir einstimmig große Dinge, die Franz Bardon in seiner Verkörperung seinen Schülern vermittelte. Letztlich traf ich einige Male Lumir Bardon, also den Sohn und schließlich den angeblichen Hauptschüler Bardons, Milan Kuman. Dies alles brachte mir ein hohes Wissen über die Arbeit des Meisters. Die Schriften wurden ins Deutsche übersetzt, so dass mein Auftrag immer stärker hervorstach: Ich sollte die Runenmagie von Arion wiederbeleben!

Nun war der Zeitpunkt gekommen, in geeigneten Zeitschriften für den „Bardonkreis des Bundes" zu inserieren. Ich bekam Dutzende von Zuschriften und wählte zuletzt 12 praktizierende Schüler heraus, die sich alle örtlich in meine Nähe begaben. Und dies ist jetzt der sogenannte „Innere Bardonkreis". Meine Ehefrau war mir in vielerlei Hinsicht eine große Hilfe, denn sie unterstützte mich in jeder Phase des Aufbaus.

3. Die erste Gottverbundenheit

In der Zeit, in der ich mich allein mit dem Buch „Der Weg zum wahren Adepten" befasste, hatte ich bereits meinen guten Schutzgeist kennengelernt. Ich war nicht schlecht erstaunt, als mein tibetanischer Guru, den ich vor zwei Verkörperungen auf der materiellen Ebene hatte, sich mir zeigte. Zur damaligen Lebzeit war ich immer dazu geneigt, diesen Lehrer vor den Mitschülern lächerlich zu machen und ich beging allerlei Untaten, um ihm das Leben schwer zu machen. Jetzt musste ich an seiner Strahlkraft erkennen, wie weit er damals, vor Jahrhunderten, mir voraus war. Eine gewisse Scham tauchte in mir auf, doch mein Lehrer umarmte mich und sprach: „Du bist mein Liebster."

Dieser weihte mich nun ein, wie ich den zu entstehenden Bardonkreis zu leiten hätte, wobei er mir bekannt gab, dass es 12 Schüler gibt, die Meister Arion selbst aussuchte und ihnen gewisse Instruktionen gab. Diese 12 leben weltweit; für mich waren und sind es immer die 12 Schüler gewesen, die ich Schritt für Schritt zur Pforte der Einweihung zu führen hatte.

Ich hatte eine lange Unterhaltung mit meinem Guru, wobei er mir die Aufgabe stellte, mich auf meinen persönlichen Gott festzulegen. Ich bekam einige Anweisungen von ihm, was ich zu tun hatte und wo ich unbedingt Folge leisten musste. Ich nahm eine verehrende Runen-Stellung ein und während der tiefen Meditation auf stofflicher Ebene gab es ein wunderschönes Erlebnis für mich. Mein Bewusstsein umhüllte sich mit strahlendem Gold und ich erlebte eine Ekstase, wobei alle vier Elemente beteiligt waren. Es ist unmöglich, solche Augenblicke, oder waren es Stunden zu beschreiben! In einem gewissen Aspekt erkannte ich auch den Gott meiner Kindheit. Nur war alles abstrakt, unbeschreiblich und ich kann mich nur an das Eigengefühl der Demut erinnern, weil die anderen Abläufe kosmisch abstrakt waren und so gibt es für mich keine höhere Gottheit als diese! Mein Instinkt sagte mir, dass Metatron noch eine Erweiterung bringen kann. Mehr möchte ich zu diesem Thema noch nicht schreiben.

Diese Begegnung sorgte für ein absolutes Gleichgewicht mit allen Vorteilen. Niemals fühle ich mich allein, denn mein Gott ist immer bei mir, auch wenn ich ihn nicht verspüre. Von diesem Zeitpunkt an betete ich auch nicht mehr, sondern Demut und Ehrfurcht ersticken alle Wünsche, denn mein Gott weiß alle Zeit, was ich brauche, was ich fühle usw. Von nun an stand mir die Astralebene offen. Ich schöpfte und schöpfe mit meinem ganzen Geist aus dieser Ebene Erfahrungen, magische Geheimnisse und vieles andere mehr. Oft besuchte ich die wahren Schüler der Hermetik mit meinem Mentalkörper und tue dies auch heute noch. Immer und zu jeder Zeit weiß ich über ihre Probleme in ihrem Charakter Bescheid, denn sie sind alle wie meine Kinder. Deswegen bin ich wegen meiner Verkörperung immer für sie da und zeige mich jedem gemäß seiner Entwicklung. Es soll niemand an mich glauben, denn nur Gott hat dieses Vorrecht, nur die Liebe eines Vaters ist da, die nahezu jeden Wunsch erfüllt. An dieser Liebe habe ich auch Teil und jedem meiner Kinder versuche ich das Beste zu geben. Je offener ein Mensch zu mir ist, umso mehr kann ich für ihn tun und mein Tun ist kaum erschöpfbar. Ich liebe über Karma hinweg und versuche es für jeden zu verkleinern. Jedem wünsche ich nur das Allerbeste, wobei manchmal eine Missachtung des Karmas mir gewisse Folgen bringt. Nichts soll mich davon abbringen, meine Freunde zum erhabenen Ziel zu bringen. Nun aber genug zu meinen Absichten. Nach meinen Tod wird für meine Schüler gesorgt werden nach alter traditioneller Weise.

4. Parmasa

Ich kann mich gut erinnern, als ich erstmals einen Vorsteher der Erdgürtelzone mental besuchte. Ich suchte mir einen Genius aus, der den Menschen sehr geneigt war. Ich begann den Namen zu rufen, aber nichts geschah. Beinahe war ich verzweifelt, begann wieder zu rufen, bis mir jemand von hinten auf die Schulter klopfte mit der Meinung: „Du kannst mich 100 mal rufen, wenn Du Dich nicht umdrehst!"

Vielleicht sollte ich erwähnen, dass es sich um ein sehr lustiges Wesen handelte. Nur zum Spaß erscheint dieser Genius stets von hinten. Als ich mich umdrehte, sah ich in ein sehr freundliches Gesicht, das jedoch ca. alle fünf Sekunden seine Züge veränderte, die teilweise so komisch waren, das ich lauthals lachte.

„Was kann ich für Dich tun?"

Zunächst bat ich ihn, mich nicht allzu sehr zu necken, da ich sonst vor Lachen meine Bitte nicht äußern könnte.

„Dein Wunsch ist mir Befehl", wobei plötzlich gar kein Gesicht mehr zu sehen war und nur eine riesige Nase stach aus dem Umhang hervor. Geneigt wieder zu lachen, nahm ich mich zusammen, um meinen Wunsch zu äußern.

„Im Kreis gibt es eine Person, die an Selbstmord denkt!"

Ich erklärte die Zusammenhänge, wobei seine Nase nun auch noch dicker wurde. Meine Wenigkeit verlor den Glauben, dass es sich um einen Vorsteher handelte, denn jetzt wurde er abwechselnd sehr dünn oder sehr dick.

„Nun". Die Sprache ist im Astralen telepathisch. Das Wesen griff unter seinen Mantel, um eine sehr glänzende Krone hervorzuholen, die es dann aufsetzte. Es war so komisch, unter der Kutte eine riesige Nase, auf dem Kopf eine Krone. Nun fielen mir noch zwei verschiedene Schuhe auf.

„Ich werde Deinem Freund helfen", dann murmelte er: „Jetzt wird unsereins schon von Menschen ausgelacht."

Ich bedankte mich, konnte eine gewisse Belustigung jedoch nicht loswerden. Auf der stofflichen Welt hatte der betreffende

Selbstmordkandidat plötzlich sehr viel Glück, lernte eine junge Freundin kennen, sodass sich sein Leben sehr zum Vorteil veränderte.

5. Die Mantrams

Das Material aus Prag war sehr vielseitig. Unter anderem waren es **49 Mantrams**, wobei acht davon ohne Siegelzeichen zu praktizieren sind. Alle bestanden je aus mehreren Sätzen. Man musste jeweils Opfergaben bereiten, die der Gottheit geopfert werden. In diesem, meinem Fall war es süßer Kuchen ohne tierische Fette! Die Texte waren von außergewöhnlicher Schönheit, universell ausgerichtet. So wie mein Naturell es mir bestimmte, begann ich das erste Mantram 1000-mal auszusprechen. Es dauerte länger als sechs Stunden. Erst nach einigen Tagen konnte die Zeit auf ca. vier Stunden verringert werden. Was ich auch anstellte, nichts geschah. Am sechsten Tag, so war mein Beschluss, wollte ich es noch einmal, also einen Tag versuchen, und wenn es dann ohne Erfolg blieb, so wollte ich aufgeben. Es begann wie immer. Erst nachdem ich 300-mal das Übliche tat, ging ein leichtes Kribbeln durch meinen Körper, welches sich im Geschlechtsbereich festsetzte.

Dies verstärkte sich in dem Maße, dass ich mit dem Bewusstsein stark kämpfen musste. Aus meinem Mund stammelte ich nur noch das Mantram. Doch intuitiv wusste ich, dass sich hier Shakti in ihrem niedrigsten Tun zeigte. Schließlich möchte ich erwähnen, dass dieses Mantram ja der Shakti, das ist Maha-Devi, also der großen Göttin, gewidmet war. Mein Bewusstsein war so abgelenkt, dass über acht Stunden vergingen. Nach Beendigung dieses Tages ließ ich die Opfergabe, wie immer, von meiner Frau oder Tochter verzehren, um die Speise nicht verrotten zu lassen. Eines war mir gewiss: **„Die Göttin hat mich gehört!"**

Der nächste Tag begann mit einer Überraschung. Schon nach zweimaliger Wiederholung des heiligen Textes begann der Reiz erneut aufzutreten, wobei langsam eine wärmende Schwingung zum Solaris-Plexus wanderte. Eine innere Stimme begann leise zu sprechen. Ich konnte es aber noch nicht verstehen. Das Mantram konnte schon durch die oftmalige Wiederholung ohne Bewusstsein gesprochen werden. Meine Anstrengung war jetzt die, mich auf die Worte Maha-Devis zu konzentrieren. Was ich nun hörte, waren Dinge, die an Harmonien und Wahrheiten nicht zu überbieten waren. Ein

wunderschönes Gefühl nahm in mir Platz, welches ich nie wieder verlieren wollte. Zwölf Tage war dieses Mantram zu sprechen. Am letzten Abend erlebte ich die größte Ehre, die nur Einzelnen vergönnt ist. Der Mond schien lieblich in mein Zimmer und tauchte es in ein schönes Silber. Vor dem Fenster schienen sich viele Farbpunkte unruhig zu bewegen. Ich dachte, es wäre Einbildung. Doch dann formte sich ein lieblicher Frauenkörper, dessen Formen und Farben immer stärker wurden. Mir wurde sehr seltsam zumute, denn was ich sah, war die Göttin selbst. Ihr Kopf war wunderschön, ein Halbkreis voller Sterne war der Kopfschmuck, eine Bekleidung von himmlischer Schönheit, in der auch Sterne funkelten. Ich brachte kein Wort heraus, denn die Mutter aller Dinge stand ruhig und lächelnd da. Verschiedene Farben gingen von ihr aus, welche auch mich trafen. Ohne dass sie ein Wort sprach, durchlief ich einen Zustand, der paradiesisch war. Jede Farbe ein anderes Gefühl. Sie hatte ein wenig indisches Aussehen, aber dies schien am Mantram zu liegen. Mir wurde bewusst, dass sie eine Größe hat, die ich wohl nie erreichen würde. Welche Gnade Gottes, ein derart großes Wesen sehen zu können. Sie begann lieblich zu sprechen, um mir die gesamte Schöpfung zu erklären. Bei jedem Wort lief mir ein Schauer über den Rücken. Alles war von größter Reinheit. Ich verstand Dinge, die weit über meinen Intellekt hinaus gingen. Unfähig klar zu denken, wurde mir klar, in allen Dingen ein kleiner Wurm zu sein. Eine derartige Größe war und ist mir nicht leicht zu erfassen. Mütterliche, kosmische Liebe, für einen Menschen unbegreiflich. Sie beschenkte mich durch ihre Gegenwart. Langsam verschwand sie und ich war unfähig nur ein Wort des Dankes hervorzubringen. Oft sehe ich ihr Bild, das unvergesslich in meinen Geist eingemeißelt ist:
„Ich habe sie gesehen"!
Ich habe noch einige Mantrams von den 49 gesprochen. Die Erfolge waren sehr gut, nur ist diese Art der Magie sehr zeitraubend. An Erfahrungen möchte ich nichts mehr schreiben, um zu verhindern, dass ich als „Aufschneider" betrachtet werde.

6. Die Hüterin der Schwelle

Wenn man sich die Frage stellt: „Kann man mit so vielen und tiefen geistigen und seelischen Dingen gut im Alltag leben?", so muss ich das klar

15

verneinen. Die stoffliche Welt und der Alltag werden von Dummheit, Ignoranz und Unregelmäßigkeiten bestimmt, die sich immer gegen das Hohe oder die Harmonie stellen. Man wird von dem Hohen fortgerissen, stets in eine deprimierende Tiefe, voller Dunkelheit. Man muss eine fast übermenschliche Anpassungsfähigkeit haben, denn das negative Prinzip darf sich nur auf der stofflichen Welt aufhalten und dies bekommt gerade der Magier oder ein Schüler der Magie zu spüren. Der Schüler kann dem nicht entgehen und der Magier darf es nicht. Das negative Prinzip versucht auf diese Art den Schüler vom Weg abzubringen, beziehungsweise dem Magier das Leben zu erschweren. All das spielt eine große Rolle bei der Entwicklung, die man ja nur in der Stofflichkeit im richtigen Maß haben kann. Die Bedeutung ist die, dass man trotz der Widrigkeiten auf dem Weg bleibt, oder seine Mission erfüllt. Man kann ruhig sagen, der Mensch, der bewusst Geist, Seele und Körper veredelt, hat eine Mission zu erfüllen, natürlich zunächst die Eigene!

Meine Übungen machten Fortschritte, auch in der Gedankenausschaltung. Ich brachte es dazu, immer tiefer in diese Unendlichkeit hineinzugelangen. Den Körper, ja selbst die Seele, spürte ich nicht mehr. Das Einzige, was blieb, war schweigendes Bewusstsein. Ich gelangte immer tiefer in diesen Zustand oder war es höher? Man muss wissen, dass es weder Zeit noch Raum in so einer Versenkung gibt, sondern nur Bewusstsein, welches die Nichtzeit nebst den Nichtraum einnimmt. Durch eine gewisse Erweiterung dieser Übung ist es die Vorstufe zur Allgegenwart.

Plötzlich war etwas da, das nicht zu mir gehörte. Ich war Gefangener meiner eigenen Versenkung, als mich zwei unheimliche Augen anschauten. Aus ihnen stachen Tod und Verderben der schlimmsten Art. Ich konnte von dem Wesen nicht viel erkennen, weil mich die gelblichen Augen völlig im Bann hielten. Sollte mein Geist sterben? Eiskalt erwischte mich dieser Eindruck, obwohl mein Geist nicht dachte. Selbsterhaltungstrieb, wie ich es für unmöglich hielt, durchdrang mich.

„Hast Du etwa Angst vor mir", zischte eine schreckliche Stimme. „Willst Du weiter, oder tiefer, so komm nur näher mein Sohn."

Mein Sohn? Es durchdrang mich nochmals.

Wie soll man beschreiben, was man vorher nie sah, und von dem man sehr wenig in hermetischen Schriften lesen kann? Immer wurde dieses Wesen dann als sehr schrecklich beschrieben. Aber nichts stimmte, weil das Maß der Worte jeder Beschreibung spottete.

Ich rang stark mit meinem Bewusstsein, um es nicht zu verlieren. Jetzt konnten nur Gedanken meinerseits mich aus dieser Lage bringen. Träge und langsam dachte ich: „Du bist mir bekannt, was willst Du von mir?"

„Ich schütze Dich vor Dir selbst, vor deiner eigenen Vernichtung!"

„Wer ist zu mir gekommen, um sich zu beklagen?"

„Du hast Dich genähert und wisse, ich verlasse Dich nie mehr! In Stunden, wenn Du denkst, ich sei fern, so bin ich Dir am nächsten. Entwicklung zwinge ich Dir auf oder Dein Leben endet! Erst wenn mein Anblick Dich nicht schreckt, gehst Du an mir vorbei. Dies alles bedenke, wenn Du von mir entlassen wirst!"

Mein Geist war nicht fähig zu widersprechen. Langsam erblasste das schreckliche Bild. Mir ging es nun darum, so schnell wie möglich zu mir zu kommen! Ich saß leichenblass auf meinem Stuhl. Dicke Schweißperlen tropften aus dem Gesicht, das Gefühl der Krankheit überfiel mich. Ich bin heute noch der Meinung, dass dieses Zusammentreffen meine stoffliche Hülle beinahe getötet hätte.

Alles, was die Hüterin sagte, trifft heute noch zu. Damals erholte ich mich nur langsam, trotz meiner relativen Ausgeglichenheit, sie erhielt mir wohl auch das Leben auf der stofflichen Ebene. Seit damals litt ich an starken Schlafstörungen bis zum heutigen Tag und sehr oft bin ich gezwungen, zu einer Schlaftablette zu greifen.

Nun, liebe Hermetiker, unsere Arbeit besitzt auch Schrecken, wenn man nicht versteht, sie zu umgehen. In der Regel findet diese Begegnung bei jedem Hermetiker statt, besonders bei dem, der denkt, er könnte sich durch dämonische Umwege schneller entwickeln, unreif über die astrale Schwelle treten oder wenn man karmisch vorbelastet ist. So war es z. B. bei mir. Sollte also jemand der Hüterin begegnen, so habe ich keine Ratschläge, denn jeder muss mit einer solchen Begegnung selbst fertig werden. Ich wünsche bei Gott, dass niemals ein Freund noch nicht einmal in die Nähe dieses Wesens kommt! Aber Gesetz ist Gesetz!

7. Die wahre Runenmagie

Diese Art der Magie ist die Leichteste, aber auch in ihrer Gefährlichkeit unübertroffen. Sie ist eine Art Quabbalah, und sie ist identisch mit Bardons drittem Werk. Jede Rune besitzt eine Gegenrune. Um schon hier auf die Gefährlichkeit hinzudeuten, werde ich ein kleines Beispiel nennen.

Ich will mich der Liebesrune stellen, um z. B. der kosmischen Liebe näherzukommen. Ich muss mich vorher davon überzeugen, dass kein Hass in meinem Innersten ist. Diese Einstellung muss vor allem im Alltag vorherrschen, denn die Hüter der jeweiligen Rune halten sich in unmittelbarer Nähe des Praktikanten auf. Nun passiert Folgendes:

Eine Person, die man nicht mag oder sogar hasst, tritt plötzlich auf den Plan. Das Wesen der Liebe erträgt natürlich nicht den Hass, es muss sich unweigerlich zurückziehen. Nun kommt die Gegenrune mit dessen Vorsteher zum Tragen. Der nicht gut geschulte Runenmagier merkt zunächst nichts. Bis plötzlich der Mensch, den man hasst, wie von einem Schlag getroffen wird und nach einer gewissen Zeit seelisch sehr krank wird und später sogar körperlich. Beim Runenmagier ist festzustellen, dass der Hass gegen diese Person weiter steigt. Der Gesundheitszustand des „Opfers" verschlechtert sich weiter. Nun arbeitet der Magier nicht mehr mit der Liebesrune, da sie zu Hass wurde. Das ist auch nicht mehr nötig, denn der Dämon hat ein Opfer gefunden. Er ist nicht verantwortlich für das, was passiert, denn er kam nicht von alleine, sondern er wurde ja gerufen. Nun beginnt die Arbeit von Ursache und Wirkung. So ein Vergehen ist von der übelsten Sorte, sehr schnell nimmt einer der 49 Richter seine Arbeit auf. Er beobachtet noch eine gewisse Zeit den Runenmagier, ob dieser zur Einsicht kommt. Wenn ja, fällt das Urteil etwas günstiger aus. Sollte das nicht geschehen, wird der nichts ahnende Mensch, ich nenne ihn ab hier nicht mehr Magier, zunächst von seinem Weg abkommen. Dann folgen schwere Schicksalsschläge. Alle Wesen, selbst der Schutzgeist, verlassen ihn. Krankheiten, die sehr heimtückisch sind, werden folgen. Große Einsamkeit entsteht, bis der einstige Runenmagier zu einem Mensch wird, dessen Leben aus Krankheit, Einsamkeit, Erniedrigung usw. besteht. Er wird zur Unterdurchschnittlichkeit unter den normalen Menschen verdammt. Außerdem werden für ihn ca. 10 Inkarnationen keine Magie zugelassen. Es wäre besser, ein solcher Mensch hätte noch nie etwas von Magie in seiner jetzigen Inkarnation gehört, denn für viele Jahrhunderte bleibt die Reife dieses Menschen gleich, oder was noch schlimmer wäre, er entwickelt sich zurück.

Für den Menschen, der einigermaßen ausgeglichen ist, stellt die hermetische Runenmagie eine große Hilfe im magischen Fortschritt dar, weil die positiven Runen einzelne Übungen aus dem „Adepten" sehr vereinfachen. Außerdem kann ein solcher Magier seinen Mitmenschen zum Segen werden. Auch Selbsthilfe bei eigener Erkrankung darf sehr wohl geleistet werden, was bei anderen magischen Arbeiten eher nicht gern gesehen wird. Unser Meister, Franz Bardon, half sich aus Demut vor Gott überhaupt nicht.

Aber nun genug davon. Mag sich jeder Praktikant selbst überzeugen, wenn er Interesse hat. Ich habe mir beinahe auch die Finger verbrannt, zum Glück habe ich aber durch Introspektion den Fehler erkannt. Sofort unternahm ich Gegenmaßnahmen, indem ich dem betroffenen Menschen half, außerdem gelang es mir dadurch, die Runenschwingung wieder zu dem Ursprung zu führen. Das war aber in meiner vorhergehenden Inkarnation, in der ich mich sehr intensiv mit den Runen der vier Elemente befasste. Aus dieser Vergangenheit schreibe ich gerade ein Runenbuch, welches wohl einzigartig ist, weil das eigentliche Wissen in dieser Welt nicht mehr zu finden ist. Gerade Alchemisten werden viel bessere Erfolge haben, weil einige Buchstaben ausschließlich dafür erschaffen sind. Aber Vorsicht . . . !

8. Der Bardonkreis des Bundes

Ich möchte noch einmal auf die Entstehung des inneren Bardonkreises zurückkommen. Es hat ja, wie man am Anfang dieses Werkes lesen kann, ganz unbewusst schon einen früheren Kreis gegeben. Dieser musste aber aufgelöst werden, weil er mit der wahren Einweihung wenig zu tun hatte. Viele Jahre später wurde ich astral darauf hingewiesen, dass es mein Auftrag sei, einen wirklichen Kreis zu bilden, der musste aber den Gesetzen entsprechen und universal sein. Schließlich fiel mir ein Brief des Meisters in die Hände, der an einen Freund gerichtet war. Folgender Auszug dieses Briefes half mir weiter: *„Ich würde es begrüßen, wenn der Kreis meiner Schüler und Anhänger bei Euch sich erweitern würde und Ihr gewisser-maßen einen Bund bilden würdet, der die wahren Interessen der Einweihung vertritt. Bei jedem Bund warne ich gleich im Vorhinein, dass persönliche Angelegenheiten, so wie das Privatleben jedes Einzelnen mit dem wahren Wissen nichts zu tun hat und bei den Zusammenkünften jedenfalls außer Acht zu lassen sind. Im entgegengesetzten Fall würde ein solches Vorgehen immer ein Nachteil der guten Sache sein und früher oder später zum gänzlichen Zerfall eines Bundes führen. Nur in einem guten, harmonischen Milieu kann Gutes gedeihen!"* – Zitat Ende.

An mir war es nun gelegen, daraus etwas zu machen. Wir sind eigentlich ein Geheimbund, der nur einmal nach außen gegangen ist. Drei Jahre muss ein Schüler praktizieren, um dem inneren geistigen Hermetischen Bund anzugehören. Wir haben keine Vorschriften, keine Bindungen, jeder kann studieren, lesen, üben und sich fortbilden, wie es ihm beliebt. Hauptsache ist, er bleibt den Gesetzen des Meister Arion treu! Denn wir halten uns strickt an die Gesetze des Tempels Salomon. Er macht den geistigen Bund unangreifbar.

So formulierte ich in der Zeit der Gründung folgendes neutrales Eintrittsschreiben:

Bardonkreis des Bundes

Entstanden am 10.05-1986 in Eschweiler.

Ein jeder Mensch, der die Wahrheit sucht in Theorie oder Praxis nach Richtlinien Franz Bardons, sei bei uns willkommen ohne Ansehen der Person. Es herrscht vollkommene Freiheit. Wir haben keine Dogmen. Niemand soll gezwungen sein, dem Kreis beizuwohnen, auch wenn er ein Schüler der Hermetik im Sinne Bardons ist, steht es jederzeit frei, diesen Kreis zu verlassen. Unser einziger Zusammenhalt sei unsere Sympathie zur Sache. Frauen werden in vollkommener Gleichstellung zum Manne willkommen geheißen. Ihnen wird nichts vorenthalten, alle Wahrheiten seien für alle. Zusammenkünfte gibt es nach keinem festen Schema, nur die Dringlichkeit eines oder mehrerer Mitglieder kann eine Vollversammlung einberufen. Jeder sei sich sein Lehrer, im Fall eines unlösbaren Problems wird der Bund auf Meister der Magie hinweisen können. Es gibt bei uns kein Oberhaupt, jeder hat nur Rechte, aber keine Pflichten. Die praktizierenden Schüler bilden je nach Reife oder Begabung den inneren Kreis. Ihnen wird, so Gott will, die vollkommene Einweihung in die Ur-Religion zuteil, aber auch die volle Unterstützung in der Magie sei gewährt!

*

Dass nun nach der irdischen Gründung alle Praktikanten in der Nähe wohnen, ist natürlich kein Zufall, denn der Genius aller Kreise, Zirkel und Vereinigungen im hermetischen Sinne wurde beauftragt, dies zu veranlassen. Nach und nach werden alle 12 sehr nah sein. Ich darf all meine

Fähigkeiten anwenden, um ihnen zu helfen, dies ist mir immer eine große Freude, wenn sie zufrieden nach Hause gehen, meist von großen Lasten befreit. Auch dürfen Wünsche gewährt werden, die ich besonders gern erfülle. Manchmal muss auch eine Maßregelung vorgenommen werden, dies geschieht so, dass es kaum bemerkt wird. Ich bin kein Geist der Strafe, sondern im Gegenteil, ich freue mich wie ein Kind, wenn ich die Meinen beschenken darf, mit der ein oder anderen hermetischen Sache. Alle sollen, wenn es nach mir geht, die erste Tarotkarte noch in diesem Leben erreichen. Manche tun sich schwer, sich mir zu öffnen. Bei ihnen fällt es manchmal kompliziert aus, denn sie dürfen gar nicht wissen, was ich tue. Aber instinktiv bemerken sie meine Zuneigung, die eng mit meinem Auftrag zusammenhängt. Ich habe viele Kinder, sie wissen es nur nicht.

*

Nachtrag: Nach dem Tod von Anion und dem damit verbundenen Zerfall des „Bardon-Kreis des Bundes" traten neue Umstände ein. Der Kreis verlagerte sich aus dem Materiellen in die geistige Sphäre. D. h., dass ein jeder, der sich mit den hermetischen Werken des Franz Bardon ernst und gewissenhaft beschäftigt, in das Umfeld dieser gedanklichen Schwingung gelangen kann, von wo aus er über reichlich Intuition und Inspiration empfängt.

9. Die 12 Schüler des Meister Arion

Es bereitet mir große Probleme, diese Sache zu beschreiben! Einerseits erzählten mir Schüler des Meisters darüber, andererseits bekam ich Aufschluss über den Auftrag, von dem ich nicht sprechen will. Der Meister selbst suchte sich seine Schüler in der Astralebene aus. Es sind die, die am meisten geklagt haben, dass die universellen Gesetze auf der Erde ungenügend vertreten waren und sie daher keine Möglichkeit hatten, einen geeigneten Weg zu gehen. Nun, meine Lieben, macht etwas daraus. Nie war die Einweihung billiger Natur, nun kennt ihr die Gesetze und es fällt euch schwer. Aber es kann ja nicht einfach sein, Wertvolles ist immer teuer zu erwerben. Man hat mich angewiesen alle 12 Schüler zu finden. Es ist nicht leicht und mental suche ich die Restlichen. Es wäre noch ein weiterer Kreis geplant, doch dessen Meister schlug andere Wege ein. Immerhin darf ich im Rahmen dieser Mission alle magischen Fähigkeiten benutzen, die mir zu Gebote stehen. Es sind nicht wenige, denn sonst würde der Kreis in wenigen Wochen zerbrechen. Zwei weitere Schüler habe ich gefunden, es ist nur noch eine Frage der Zeit, bis sich alle gefunden haben.

Außerdem muss jeder den Weg allein gehen, das ist wahr, wenn ich auch öfters Streit deswegen mit meinen Schülern habe. Mein Vorhaben ist, wenigstens die Begabtesten bis zur 8. Stufe des Adepten zu bringen. Solange ich lebe, sind sie wie meine Kinder, eben frech, unsicherer Gang, weinen beim Hinfallen usw., aber ich trage sie alle, Trost und Liebe will ich ihnen sein. Schlechtes Benehmen wird durch einen kleinen Klaps geahndet, um zur Erkenntnis zu gelangen.

Aber zurück zum Thema. In der Astralebene werden die Schüler weiter ausgebildet. So manch einer wird mit einer großen geistigen Entwicklung am Palast des Meisters Arion anklopfen, der ihn einlässt und selbst Unterricht erteilt. Sie werden sich recht schnell wiederverkörpern und Aufgaben wie die Meine übernehmen. Die nicht so Begabten bleiben länger in der Astralebene, um Schulungen zu bekommen. Am Ende werden auch sie den Palast erreichen, um das Paradies zu sehen. Und so werden aus den fähigen Schülern recht gute Lehrer, die ebenfalls Schüler unterrichten. So wird die Saat der Vorsehung aufgehen, der Magos ist wieder auf Erden, um so manche wirtschaftliche Katastrophe zu verhindern. Eine Erneuerung der Erde findet statt, reinigt sie vom Abfall. Dies wird eine große, schwere Arbeit sein, die die Erniedrigung der großen Geister bedeutet, die letztlich siegen. Man denke gar nicht daran, dass unser Vorhaben scheitert. Aber Demut zu Gott, denn er wird uns führen, denn was die Vorsehung befiehlt, dass geschieht!

10. Introspektion, oder nicht?

Man sollte meinen, dass man nach Jahren der Introspektion ein Mensch wird, der in gewisser Hinsicht edel ist, gutmütig usw., sich von der Masse unterscheidet. Diese Entwicklung stört mich in gewisser Weise, ja manchmal schäme ich mich für sie, denn nichts dergleichen geschieht. Der Alltagsmensch hat eben seinen Stand in seiner Entwicklung, aber was haben wir? Oft findet sich unter diesen Menschen sogar edle Ausstrahlung und ich wundere mich nicht schlecht. Einige sind in gewisser Hinsicht sogar ausgeglichen, obwohl

sie nie etwas von Magie oder Mystik gehört haben! Schließlich ist unser Tun zu dem Höchstem ausgerichtet, wo alle Wissenschaften sich einigen. Darunter finden wir auch die Theologie, ganz gleich welcher Rasse, aber an ihre Größe scheinen wir nicht heranzureichen. Die Veredlung ist bei uns schon festzustellen, aber ich komme immer wieder auf ein trauriges Ergebnis. Meine Wenigkeit gehört ja auch irgendwie dazu, nur sage ich oft: „WERDET ERST EINMAL MENSCHEN, DANN KÖNNT IHR DARAN DENKEN, MAGIER ZU WERDEN."

Wir haben deshalb keinen Grund auf jemanden niederzuschauen, sind wir doch oft selbst nicht größer! Allein die Gedankenkontrolle nebst Gedankenzucht gehört zu unseren ersten Schritten, dürfen wir einige Fehlhandlungen nicht tun, denn jede Tat beginnt mit einem Gedanken und hier haben wir die Möglichkeit eben durch die vorgenannten Übungen den Gedanken fortzujagen! Auch wenn in unserem Seelenspiegel die ein oder andere Unart steht, im Gedankenbereich haben wir die Möglichkeit, sie nicht aktiv werden zu lassen. Deswegen sollen wir abends in uns hineinsehen, um niemanden und letztlich uns selbst nicht wehzutun. Im Zusatzbuch zum Adepten steht es geschrieben. Alle haben es gelesen, ich auch, aber mir scheint, niemand hat es verstanden. Mein Geist bemerkt schon lange konstruktives oder destruktives Denken, folglich ordnen sich Dinge bei mir selbst, aber stets mit dem übergeordnetem Element, nämlich dem Glauben. Mein sehnlichster Wunsch wäre es, wenn zumindest die Praktikanten so arbeiten würden, dann könnte auch kein Streit untereinander stattfinden! Die magischen Tagebücher würden große Erfolge aufweisen. So war es bei mir und ich bin überzeugt, bei manch einem würde die Klage – DER WEG IST ZU SCHWER – aufhören.

Nach unserem Tod wird man uns fragen: „Wie seid Ihr mit dem Geschenk der Vorsehung umgegangen?"

Haben wir dann das Recht zu sagen: „Es war mir zu schwer!" Nein, so nicht!

Unsere Antwort könnte eher lauten: „Ich habe nichts verstanden!"

Wie dumm stehen wir „Magier" dann da, ohne ein Wort äußern zu können! Die Krönung ist unser Ziel, keine Dekadenz! Bitte, meine lieben Leser, nehmt mir meine Worte nicht übel, denn sie sind wahr. Habt bitte Mut, damit meine Ansichten Euch nicht kränken, denn wer diesen Weg geht, ist ein ausgesuchter Mensch. Ich will, dass sich unser

Kreis von der Mittelmäßigkeit etwas entfernt und somit jedes praktizierende Mitglied. Gott hat euch schon Würde verliehen, also benutzt sie! Harte Worte, aber gut gemeint!

11. Die Wesen des Erdelementes

Das Erdelement ist das Dichteste von den vier Elementen in der Astralebene. Beim Erdelement und beim Besuch der dort herrschenden Gnome fällt die Anpassung an diese Wesen für den Magier nicht sehr schwer. Er braucht sich eigentlich nur verkleinern und mental das Erdelement kräftig stauen. Ich möchte nicht versäumen zu sagen, dass der Elementestau bei jedem Element spezifisch stattfinden muss. Würden wir dies nicht tun, so wären wir beispielsweise im Erdelement unsichtbar, auch das gilt für alle anderen Elemente. Das Gnomenreich ist nicht so gefährlich, wie das Feuer- und Wasserreich, auch sind die Gnome sehr gesprächsbereit, von daher ist die Kontaktaufnahme nicht schwer. Auch in diesem Reich gibt es für die Herrscher unterirdische Paläste, die Untergebenen leben je nach Rang in kleineren Gebäuden. Dies ist eines der Universalgesetzte, das wir nicht nur in den Elementereichen finden, sondern auch in der Erdgürtelzone und nicht zuletzt auch in allen anderen Sphären. Die Gnome sind von Natur aus sehr umgänglich und dem Menschen zugeneigt, also genau das Gegenteil vom Luftelement. Ich möchte an dieser Stelle einmal bemerken, dass in allen Elementeebenen die Sexualität ähnlich wie auf der Erde vorhanden ist. Der Grund dafür ist der, dass alle vier Elemente das direkte Verbindungsglied zur grobstofflichen Erde sind. In der allgemeinen Astralebene gibt es natürlich keine Sexualität. Dies schreibe ich, um evtl. Missverständnissen vorzugreifen. So finden wir also in allen Elementen auch Kinder beiderlei Geschlechts; aber nun zurück zum Erdelement. Ich hatte mich wie bei allen Elementesphären über einen bestimmten Gnomenkönig informiert. Sehr schnell kam der Kontakt zustande und ich muss sagen, dass dieser König richtig königlich hochmütig war, ansonsten aber hatte er ein Herz aus Gold. Wir sprachen viel über Alchemie und Krankenbehandlungen mit dem Erdelement. Dieser Gnomenkönig sagte mir damals schon, dass ich auf kurz oder lang in einen Heilberuf gehen würde, wenn das Schicksal es zulässt! Auch das war mir zu damaliger Zeit neu und ich ließ mich aufklären, wie es dazu wohl kommen würde. Ich erhielt eine befriedigende Antwort. Ich musste feststellen, dass gerade Gnome in der Gedankenlesekunst wohl die Besten aus allen Elementen sind. Das betrifft auch die Alchemie. Von diesem hohen Wesen bekam ich so viel Anweisungen über Krankenbehandlungen, dass ich früher oder später ein kleines Büchlein darüber schreiben werde. Allerdings nannte er mir auch geheime Methoden, die ich natürlich nicht veröffentlichen darf. Es ist ein sehr freigiebiges Wesen, sodass er mir auf Dauer zwei untergeordnete Wesen zur Seite stellte, die aber für die Zeit, in der sie mir dienen, die gleichen Fähigkeiten haben, wie der König selbst. Einer der beiden ist ein ausgesprochener Witzbold und bringt mich regelmäßig zum Lachen. Dieses lustige Wesen gestattete, dass ich es auf einem magischen Spiegel fotografieren durfte. Den Beweis halte ich in den Händen. Es gibt natürlich auch weibliche Gnome, die man bei Weitem nicht hässlich nennen darf, denn gewisse Darstellungen, die wir auf Erden haben, entsprechen alle nicht der Wirklichkeit. Sie besitzen zwar nicht die Anziehungskraft der Nixen, aber ich muss sagen, dass ich weibliche Gnome gesehen habe, an die die Schönheit irdischer Frauen nicht heranreicht.

Um auf den König zurückzukommen, so bat ich ihn, eine sehr kleine Menge vom Rotem Löwen in ein bereitgestelltes grobstoffliches Gefäß zu evozieren. Dies tat er bereitwillig, warnte mich aber gleichzeitig, niemals selbst davon Gebrauch zu machen, damit ich nicht unbewusst von diesem König abhängig werden würde. Ich solle es nur einsetzen bei schwersten Erkrankungen oder um den Beweis zu erbringen, dass es einen solch reinen Stoff gibt. Bei der Herstellung war ich selbst mental dabei, als Ausgangsstoff nahm er Salze und kristalline Staube, die wasserlöslich waren und in einem seltsamen Destillierapparat stellte er das Pulver her. Die ganze Sache war optisch gesehen sehr einfach, nur spürte ich mehrmals unterschiedliche Vibrationen, die vom König ausgingen und direkt das Destillat durch die verschiedensten Farben gehen ließ. Ich denke, dieser Herrscher war der Quabbalah kundig, was man im Allgemeinen von einem Elementewesen nicht erwartet.

Im Erdelement ist es recht dunkel und dennoch wachsen seltsame kleine Bäumchen und Pflanzen, die sich anfühlen wie Kristall. Es gibt keine größeren Lichtquellen wie zum Beispiel in den anderen drei Elementen. Das Erdelement ist der Erde am „nächsten". Von daher kam es schon häufig vor, dass Kinder oder medial veranlagte Personen diese Gnome direkt sehen können, weil der Astralstoff der Erde eben am dichtesten ist. Hin und wieder begeben sich einzelne Gnome an die Erdoberfläche um gewisse

Dinge wie zum Beispiel Pflanzen für ihre alchemistischen Arbeiten zu sammeln. Da dies meist Gnome untergeordneten Ranges sind, sind sie nicht so achtsam und dies erklärt, dass sie hin und wieder stofflich gesehen werden. Der Gnomenkönig oder die Königin sind sehr viel größer gebaut als die Untergebenen. Der König, mit dem ich einstmals im Kontakt war, war nicht viel kleiner als ca. 1,50 Meter. Die Untergebenen, je nach Rang und Würde, sind nur bis zu zehn Zentimeter groß. Es ist ratsam, wenn der Magier sich mental so schrumpft, dass er ein wenig größer ist als der jeweilige König, weil es ein Universalgesetz des Erdelementes ist, dass die Größe eine bestimmte Rolle spielt. Der Magier kann ja durch mentales Schauen die Größe jeweils feststellen, um sich dann richtig anzupassen. Die Sphäre des Erdelementes ganz zu beschreiben, ist schier unmöglich, denn es würde separat zwei Bücher mit Hunderten von Seiten füllen. Man denke nur an die chemischen Verbindungen, organische und anorganische Stoffe, Entstehung von Kristallen usw. Ich hoffe, dass meine Beschreibungen ein wenig mehr Einblick in die Elementesphären geben und der Magier sich selbst von dem Gesagten überzeugen kann. Auch der Theoretiker kommt wohl auf seine Kosten.

12. Die Wesen des Wasserelementes

Die Sphäre des Wasserelementes ist um vieles leichter und auch besser zu ertragen, als dies beim Feuerelement der Fall ist. Die Wasserwesen sind auch dafür bekannt, dass sie sehr kontaktfreudig sind im Gegensatz zum Feuerelement. Man wird schon beim 1. oder 2. Mal von Nixen umgehen, die nicht wie auf vielen Bildern und Zeichnungen einen Fischunterteil haben, sondern in ihrer Ebene sehr menschenähnlich sind. Erst bei der Evokation müssen sie laut Universalgesetz ihr Element auf diese Weise zu Tage tragen, wobei auf Wunsch des Magiers dann selbst nicht etwa der Schwanz erhalten bleiben muss, sondern menschliche Beine sichtbar werden.
Die Nixen und Wassermänner haben eine außergewöhnliche Anziehungskraft, die so stark ist, dass das Bewusstsein des Geistes sehr gestört werden kann. Hierin liegt auch die Gefahr, die Meister Arion mehrmals bei Undinen beschrieb. Wird man von einem Wasserwesen angesprochen, so kann man gleich nach den höheren Intelligenzen fragen, weil die Niederen

sonst Gefahr laufen würden, erhebliche Schwierigkeiten von der ihnen zugeteilten Herrscherin zu bekommen. Je höher die Herrscherin ist, im geistigen Sinne, umso schöner und anziehender ist sie.

Meine erste Begegnung mit einer Herrscherin war überaus gefährlich für mich, da ich erkannte, dass sie mit Hilfe der Magie des Wassers eine solche Anziehungskraft zu Tage brachte, dass mein Bewusstsein gestört war. Eine liebliche Stimme sprach mich an und fragte, wie sie mir dienen könne. Ich spürte sofort, dass ich auf kurz oder lang diesem Wesen eventuell unterliegen würde. Ich beschloss daher ein männliches Wasserwesen aufzusuchen, aber selbst hier war eine solche Anziehungskraft, wie wir sie auf der Erde nicht finden (Homosexualität). Glücklicherweise ist diese Veranlagung mir sehr fern, aber ich möchte trotzdem den/die zukünftige(n) Magier/Magierin selbst vor männlichen Wesenheiten im Wasserelement warnen. Ich hatte es mit einem sehr liebenswürdigen Wasserwesen zu tun, welches mir sehr schnell den nötigen Respekt schenkte. Wir redeten über allgemein Bekanntes im Wasserelement, aber hauptsächlich über die Dinge, die nicht bekannt waren. Schon damals erhielt ich von diesem Wesen die Auskunft, wenn sich ein hohes Wasserwesen auflöst, dass dies mit Hilfe Metatrons geschieht. Zu damaliger Zeit erklärte mir dieses Wasserwesen, dass auch sie von der Sonne beeinflusst und letztlich, wenn sie abberufen werden, in das Prinzip des Wassers in Metatron eingehen. Dies gab für mich ein ganz neues Bild, denn einerseits hatte ich hier ein männliches Wasserwesen vor mir, welches mich auf die Sonnenebene hinwies und wir überhaupt kein Wasserelement hätten, wenn es keine Sonne gäbe. Diese Fakten waren mir sehr neu, obwohl sie letztendlich auch logisch erschienen. Er gab mir viel Auskunft über die Heilmethoden des Wasserelementes in Bezug auf Körper, Seele und Geist. Er zeigte mir, wie man durch eine gewisse magische Praxis auf spiegelnde Flächen, vor allen Dingen auf stillen Wassern zukünftige Dinge voraussehen kann. Selbst eine Tasse mit Wasser reicht hierfür aus. Seit damals erschaue ich viele Dinge auf diese Art, aber ich gebe die Ergebnisse nie preis, ob es sich nun um Gutes oder Schlechtes handelt. Man wird nämlich die Erfahrung machen, dass die Menschen solche Aussagen meist negativ interpretieren und dann ist es schon besser, wenn ich das alles für mich behalte. Ich lernte sehr viel über das magnetische Fluid und dessen auf- und abbauende Kräfte.

Die Sphäre des Wasserelementes strahlt nur so vor Fruchtbarkeit. Wir finden hohe, grüne Bäume, wunderschöne Blumen und die Herrscher halten sich in Schlössern auf, die unseren Märchenbeschreibungen ähnlich sind.

Ich war mehrmals Gast in so einem Haus und muss feststellen, dass es auf Erden nichts Ähnliches gibt, an Schönheit und Kunst. Die Räumlichkeiten sind mit wunderschönen Kristallen geschmückt, sie haben Lichtquellen, worüber ich nicht viel sagen darf, als viel mehr gewisse Kristalle von selbst leuchten im Wasserelement. Tische und Stühle sind glasähnlich, viele Wände bestehen aus Spiegeln, die auch jeweils den Kontakt zur grobstofflichen Ebene herstellen. Würde ich diese Dinge weiter beschreiben, würde man mich beschuldigen, Märchen zu erfinden. Die höchsten Herrscher und Herrscherinnen finden wir in den sieben Weltmeeren, größere Flüsse werden von Fürstinnen und Fürsten beherrscht, kleinere Seen und Bäche werden meist von sehr schönen Nixen überwacht, wobei man davon ausgehen muss, je sauberer das Wasser, umso positiver die Wesen. Ich selbst musste mir oftmals Vorwürfe machen lassen, weil alle Gewässer so verschmutzt werden, dass teils die größten Herrscher durch ihre höchsten magischen Anwendungen das Wasser nicht reinigen können und teilweise die göttliche Vorsehung des Wasserelementes eingreifen muss. Im Wasserelement gibt es keine Profitgier und die negativen Wesen erfreuen sich über die chaotischen Wasserverhältnisse, weil sie sich gerade in den Kloaken sehr wohl fühlen (selbst in den Meeren). Nach solchen Vorwürfen kann man solch liebenswürdigen Wesen nicht mit einem Achselzucken begegnen und ich ließ mich von einer untergebenen Nixe bis an den Randbereich eines negativen Wesens führen, um in dessen Reich einzudringen. Ich fand stinkendes Wasser, wie der Mensch es sich nie vorstellen würde. Die Wesen sehen hier nicht so schön aus, alle sind sehr verschlagen in ihrer Gesinnung, von daher wollte ich den Herrscher nicht aufsuchen, sondern für mich selbst dafür sorgen, die Gewässer nicht mehr so zu belasten. Auf grobstofflicher Ebene hörte ich auf mit Giften zu arbeiten und auch so versuche ich kleine Bäche und Seen in meiner Umgebung zu pflegen und gesund zu erhalten. Dies brachte mir schon viel Ärger, allerdings von Menschen, die absolut keine Ahnung haben, was sie anrichten. Ich muss nochmal wiederholen, dass Dummheit nicht vor Schaden bewahrt und dass die Vorsehung Gesetze bereithält, solche Menschen aufs Schwerste zu bestrafen.

13. Die Wesen des Luftelementes

Die Geister des Luftelementes unterscheiden sich in Form und Aussehen nicht viel von den Menschen. Sie haben eine nur leicht bläuliche Hautfarbe, darunter gibt es sehr attraktive weibliche Wesen, die jedoch allesamt eine gewisse Scheu vor dem Menschen haben. Dies war schon immer so, allerdings ist es jetzt etwas schlimmer geworden, weil die Luftverschmutzung von den Wesen dem Menschen zugeschrieben werden, sodass sie gar kein Interesse mehr haben, mit dem Menschen auf irgendeine Art und Weise in Kontakt zu treten.

Bevor man die Sphäre der Luft betritt, braucht man den Mentalkörper nicht ändern, im Gegensatz zu den drei anderen Elementen. Es ist aber gut, sich vorher mit dem Luftelement zu stauen, da sonst kaum ein Kontakt zustande kommt. Ich selbst brauchte fünf Monate, bevor mich ein männliches Luftwesen ansprach. Es war nicht gerade sehr freundlich, aber in gewisser Weise musste er dem Menschen wohl etwas zugeneigt sein. Er strahlte eine gewisse Würde aus, die ihn nicht etwa als Herrscher auszeichnete, aber einen höheren Rang konnte man gleich feststellen. Luftwesen sind ähnlich unruhig wie die Wesen des Feuerelementes, denn sie sind ständig in Bewegung. Die Erklärung können wir sogar im Grobstofflichen finden, wo immer ein wenig die Luft in Bewegung ist, bis auf ganz seltene Ausnahmen. Mein Bekannter in der Luftsphäre hatte den Rang eines Lords mit doch vielen Untergebenen. Seine Bekleidung ist am besten zu beschreiben, wenn ich die irdische weiße Seide benenne. Von ihm erfuhr ich vom aktiven Walten des elektromagnetischen Fluids und deren praktische Anwendung. Wenn ich sage aktiv, so meine ich jetzt neutral, denn das ausgleichende Prinzip zwischen Feuer und Wasser ist nun einmal die Luft, der sogenannte Puffer. Einerseits reicht das Feuerelement in die Luft hinein, andererseits in das Wasser. Dadurch erfuhr ich, dass das elektromagnetische Fluid im Luftelement ein großes Geheimnis birgt. Die höheren Luftgeister haben nämlich ein besonderes Talent zur Alchemie. Leider reden sie sehr ungern über ihre Fähigkeiten und erst nach sehr langer Zeit bekam ich von meinem inzwischen gewordenen Freund gewisse Auskünfte darüber. Durch seine Vermittlung werde ich auf kurz oder lang einen großen König des Luftelementes kennenlernen, der jedoch sehr schwer zu beherrschen ist, weil seine Aufgabe darin besteht, Stürme, Orkane und Unwetter durch seine Kraft heraufzubeschwören. All diese

Dinge haben nichts mit dem negativen Prinzip zu tun, auch wenn das vom Menschen so gesehen wird. Hier liegt der Mensch total falsch. Ein Sturm z. B. wirbelt das grobstoffliche Luftelement sehr durcheinander und dadurch wird eine weitgehende Verbesserung der Atemluft geschaffen.

Die Ebene des Luftelementes ist keine feste. Sie ist stets Wandlungen unterlegen, was z. B. bedeutet, dass kleinere oder größere Gebäude schnell entstehen, aber ihre Form ständig ändern. Wie bei allen Elementen herrschen die Könige aus Palästen heraus. Es gibt selbst im Luftelement Pflanzen, die ich aber nicht definieren kann, weil sie sehr abstrakt aussehen. Auf der grobstofflichen Ebene äußern sich diese Pflanzen z. B. im Pfefferminz und allen anderen Pflanzen, die das Atmen erleichtern.

Zum Schluss möchte ich noch einmal erwähnen, dass das aktive elektromagnetische Fluid eine besonders große Kraft in sich hat, welche im Allgemeinen unbekannt ist und nur Eingeweihte dieses richtig erkennen und anwenden.

14. Die Wesen des Feuerelementes

Ich habe schon manches gesehen und viel erlebt, aber all mein Erstaunen war sehr groß, als ich einen Fürsten des Feuerelementes bewusst kennenlernte. In seiner ursprünglichen Form könnte man es gar nicht als Wesen bezeichnen, sondern als gleißendes Licht, welches eine enorme Ausstrahlung auf den Mentalkörper hat. Eigentlich kann der Mentalkörper keine richtigen Gefühle haben, weil der Astralkörper die Gefühlswelt vertausendfacht! Bei diesem Wesen verspürte ich dennoch die knisternde Elektrizität, die mich durchdrang und letztlich das elektrische Fluid, welches beinahe noch unangenehmer war und meinen Geist am Denken sehr hinderte, weil mein Wille sehr beeinträchtigt war. Es hat also mehrere Versuche gebraucht, bis ich Kontakt zu dem Wesen aufnahm. Ein Elementewesen spricht man niemals an, sondern wartet, bis man angesprochen wird. Von den Elementewesen sehen die Salamander dem Menschen am Unähnlichsten. Dies gilt auch für die Weiblichen.

Langsam formte sich aus der sehr großen Helligkeit ein dünner Strahl, der sich dann langsam ausbreitete, wobei die Lichtintensität allmählich abnahm. Ich möchte noch bemerken, dass selbst die Salamander niederer Art den Menschen körperlich an Größe stets überragen. Nur die höheren

Fürsten und Könige des Feuerelementes haben eine abstrakte Ähnlichkeit mit dem Menschen. Nachdem das Wesen in voll entwickelter Form da stand, bemerkte ich eine ständige Unruhe und Veränderlichkeit. Das Gesicht sah sehr streng aus und der Hals war etwa dreimal so lang wie der eines Menschen. Nie stand dieses Wesen still an einem Platz. Letztlich bemerkte ich, dass ich schrill angesprochen wurde, was für ein Begehren ich hätte. Meine Antwort war sehr knapp, ich wollte das Feuerelement beherrschen und bin auf Grund dessen in sein Reich eingetreten. Nach und nach kam es zu einem Gespräch und ich musste den Scharfsinn und die Intelligenz dieses Wesens aufs Höchste einschätzen. Von ihm erfuhr ich eine Menge über die Vielseitigkeit des elektrischen Fluides und welche Körperteile beispielsweise dem Feuerelement zugeordnet werden und welches Fluid z. B. in einer Krankheit behandelt werden muss. Ich wurde aufgeklärt, wie wichtig so etwas für einen Körper ist, denn bei manchen Organen kann die direkte Elementebehandlung tödlich verlaufen und im Zweifelsfall sollte man nur mit dem elektrischen Fluid arbeiten. Es fiel mir recht schwer, mental das Aussehen eines Feuerwesens nachzubilden. Es ist ein schwieriges Training, das eine äußerst gute Imagination voraussetzt. Passt man sich dem Wesen nicht an, so wird man von diesem nicht erkannt, aber davon genug, das weiß ja jeder!

Mit der Zeit entwickelte sich eine Sympathie zwischen uns, die ich nie für möglich gehalten hätte, denn nach und nach empfand ich die unangenehme Ausstrahlung nicht mehr. Scharfsinnig erklärte mir dieses Wesen, wie man spezielle fluidische Kondensatoren herstellt, wobei er mir versprach, wenn nötig würde einer seiner Untergebenen die jeweiligen Kondensatoren selbst laden. Er gab mir Hinweise über Alchemie auf dem heißen und trockenen Wege. Von Evokationen riet er mir zunächst ab, weil dann die Räumlichkeit derart mit dem Feuerelement gestaut werden muss. Wenn er erscheint, müsste er all das Element zu sich ziehen, wodurch bei dem einen oder anderen Magier dann auf der grobstofflichen Welt die Wohnung abbrennen kann, wenn leicht entzündbare Gegenstände vorhanden sind.

Er erzählte mir, um das Gesagte zu unterstreichen, von einem familiären Drama, wobei die gesamte Familie ausgelöscht wurde, bei der sich das Feuer explosiv in die ganze Wohnung ausbreitete und das ganze Haus abbrannte. Es handelte sich um ein Wesen aus Franz Bardons Buch „Die Praxis der magischen Evokation", welches im Umgang nicht sehr leicht war, aber zum Schluss die Sympathie siegte.

Ich sehe ihn hin und wieder, und wenn lange Zeit verstreicht, besucht er mich sogar im Traum, wobei er mir einmal erklärte, wie die Symbolik des Feuerelementes in Träumen erklärlich ist. Insgesamt gesehen ist es eine **heiße Freundschaft.**

Die Sphäre des Feuerelementes erscheint dem Besucher als sehr karg und gebirgig. Es gibt keine Pflanzen, die höher sind als etwa einen Meter. Jedes Feuerwesen, wenn es nicht seine abstrakte Form hat, ist bekleidet, aber durch die Helligkeit kann man diese Kleidung nicht sehen. Auch hier tragen die Könige und Fürsten Kronen. Insgesamt hält der Mentalkörper die Ebene des Feuers sehr gut aus. Erst das Zusammentreffen mit Intelligenzen kann mentale Schmerzen hervorrufen. Wir finden in dieser Ebene auch gewisse Gebäude, von sehr abstrakter Bauart, die sehr schlecht zu beschreiben sind. Es gibt im Feuerelement selbst Tiere, die mit einer irdischen Lebensform allerdings nichts zu tun haben. Außerdem haben wir in dieser Ebene auch Stürme, die sehr heftig sein können, worunter der Astralkörper sehr leiden könnte. Der Mentalkörper empfindet das nicht so. Für die normalen Feuerwesen bilden diese Stürme eine gewisse Art von Nahrung, ansonsten atmen sie ihr Element ein, welches ihnen die nötige Lebenskraft gibt. Diese Sphäre erscheint in ihrer hohen Form in sehr grellem Licht. In der niederen Form erscheint sie in einem satten hellen

Feuerelementar

Gelb. Astral kann man diese Ebene erst besuchen, wenn man das absolute magische Gleichgewicht hat bzw. als verstorbener Magier kann man diese Ebene auch betreten. Auch hier ist die Verständigung telepathisch. Wenn man sich nicht mit einer Intelligenz treffen möchte, ist diese Ebene vollkommen ungefährlich.

**Das gleiche Wesen des Feuerelementes wie vorhin
von Franz Bardon fotografiert.**

15. Mein Freund Kuluch

Bei gewissen mentalen Reisen durch die Astralebene interessiert man sich auch manchmal für die unteren Sphären, in der Hoffnung sehen zu können, wie es dem Alltagsmenschen in der Astralebene ergeht. Ich befand mich schon in einer ziemlich groben Schwingung, als ich in der „Ferne" ein rotes leuchtendes Land sah. Es war nicht sehr hell und irgendwie zog es mich an. Ich versetzte mich mit meinem Bewusstsein genau dorthin und fand mich in einem rot leuchtenden Gebirge wieder. Es erschien mir sehr seltsam, denn kein Tier und keine Pflanzen waren zu sehen. Insgeheim dachte ich: „Soll dies die astrale Hölle sein?", bis ich später erfuhr, dass das gesamte Land nur einem Wesen galt. Ich sah einen sehr großen Raubvogel, der über mir kreiste. Für mich stand fest: „Hier ist etwas Außergewöhnliches", was ich nicht so recht verarbeiten konnte. In der Astralebene sind ja bekanntlich alle Tiere zahm und so rief ich den Vogel herab. Er flog auf mich zu und bei der Landung nahm er menschliche Gestalt an. Von ihm ging eine hohe Würde und Macht aus, andererseits eine tiefe Traurigkeit.
„Wie ist Dein Name?"
Ich musste einige Zeit auf die Antwort warten, bis er sagte:
„Ich bin der große Kuluch".
Ich sprach ihn sofort darauf an, dass die Gegend doch recht seltsam sei, so irgendwie verlassen und leer. Er antwortete: „Wie recht Du hast, Mensch. Dies alles ist mein Reich, aber Du findest kein Leben und nur ich alleine herrsche darüber."
Ich fragte ihn nach Untergebenen, worauf er antwortete: „Ich bin ein hoher Fürst ohne Untergebene. Es steht weder jemand unter noch über mir. Und diese Einsamkeit ist meine Strafe für meine Ungehorsamkeit. Oft suche ich die Gottheit, um ein wenig Anlehnung zu finden, aber wo ich auch suche, ich kann sie nicht finden!"
Ich fragte ihn: „Wie bist Du in diese Lage gekommen?"
Er antwortete: „Du musst wissen, ich bin nicht von hier, sondern ich bin ein Verbannter! Wie Du erkennen konntest, stelle ich symbolisch einen Raubvogel dar und diese Darstellung entspricht meiner früheren Aufgabe. **Ich stamme vom Mars!** Nach Eurer Zeitrechnung habe ich nach Jahrhunderten jetzt den ersten Besuch von Dir."
Dieses Wesen hat viele Vorzüge und ist auf magischem Gebiet sehr bewandert. Durch ihn kann man seine vergangenen Inkarnationen sehen

oder die Zukünftigen. Er ist ein Ratgeber, der zum Schluss immer Recht behält. In seinem Walten ist er sehr mächtig und ich wünsche es niemanden, diesen Geist als Feind zu haben. Ich sehe ihn sehr oft und er freut sich, Besuch zu empfangen. In einem Gespräch mit ihm gab er mir zu verstehen, falls ich einmal jemanden mit in seine Sphäre bringe, sollte es keine Frau sein. Er hat mir bisher nur eine Ausnahme gestattet. In meinem irdischen Dasein schützt er mich vor jeglichen Angriffen irgendwelcher Menschen oder anderer Wesen. Er ist eben ein **Freund.** Er kann vorzüglich mit dem elektrischen Fluid mich vor Feuer schützen. Seine Verbannung ist nicht etwa ewig und nach einer gewissen „Zeit" wird er in der Marsebene all seine Würden und Aufgaben zurückerhalten. Ich vermisse bei ihm die Aggressivität, die man sonst bei allen Marsgenien findet. Er erklärte mir dazu, dass dies eine Folge ist, welche die Erdgürtelzone auf ihn hat. Unter der Bedingung des Schweigens gab er mir sein Siegel, womit ich ihn jederzeit erreichen kann, ohne mental zu wandern. Ich muss ein gewisses Ritual machen und schon ist der Kontakt hergestellt, wobei er sich in meinem Solarplexus äußert und ich seine Worte dann immer verstehe. Er gab mir zu verstehen, dass ich die, die meine Freunde sind, ruhig mit in sein Reich bringen darf und wenn sie es wünschen, würde er auch für sie tätig werden . . .

Letztlich unterrichtete er mich über die äußerst unangenehme Schwingung der Marsebene, indem er mich in ein Kraftfeld schickte, welches er selbst aufgebaut hatte und exakt der Marsebene entspricht. Ich kann nur sagen, dass diese Ebene sehr aggressiv macht und teilweise Machtgier fördert, welches sich dann als übermäßig starker Trieb äußert. Durch die Hilfe Kuluchs durfte ich schon vielen Freunden helfen und er hat mich nie enttäuscht. Ich erwähne dieses Wesen wegen der Seltsamkeit seines Daseins und erfreue mich seiner Freundschaft.

16. Der unfreiwillige, magische Mord

Es begab sich, dass ein Mann aus dem alten Kreis übrig geblieben war und uns regelmäßig besuchte. Er hatte eine sehr gute Veranlagung zur Magie und man kann sagen, er war ein *dunkler Meister* der Imagination. Er hielt auch weiterhin den Kontakt zu dem Dämon aufrecht, durch den ich den magischen Zirkel damals zerstörte. Er gab seine Freundschaft und nichts ließ mich auf die Idee kommen, dass er sich eigentlich in meine Frau verliebt hatte. Erst durch mehrere Hinweise geistiger Wesen kam ich meinem Freund auf die Schliche. Ich bat ihn zu mir, um über die Sache zu reden und es kam zu einem Streit! Von da an bekämpfte mich mein Freund aufs Schärfste. Alle gelernten Praktiken nebst Hilfestellung des Dämons benutzte er, um mich geistig anzugreifen. Ich hielt stand ohne Gegenmaßnahmen zu ergreifen, bis ich erschaute, dass er Mordabsichten in sich trug, die mich sehr schnell ins Jenseits befördern sollten. Erst da schlug ich das erste Mal zurück. Ich ließ ein Volt entstehen, welches zum Inhalt hatte, die Liebe zu meiner Frau langsam vergehen zu lassen. Und dies geschah auch für eine gewisse Zeit (ca. 2 Jahre)! Dann verfiel er seiner Leidenschaft noch stärker, obwohl er eine durchaus nette Ehefrau hatte. Irgendwie bekam er raus, dass ich ihn magisch beeinflusste und er mich nicht töten konnte. Er wusste auch, dass ich jederzeit ein neues Volt bilden konnte, um so seine Leidenschaften abzutöten. Damit beschwor ich etwas herauf, was in dem Mann größten Hass, größten Zorn und eine unglaubliche Leidenschaft erweckte. Er wartete täglich, bis ich meinem Beruf nachgehen musste, um dann meine Frau zu besuchen. Als sie ihm zu verstehen gab, dass er keine Chance hat, sprach er wörtlich: „Wenn ich Dich nicht bekommen kann, so soll Dich niemand haben", womit er andeutete, dass er seine Kräfte der Vernichtung nun auf meine Frau loslassen würde. Ich war in diesem Moment durch eine schlimme Krankheit so beeinflusst, dass ich selbst magisch nicht eingreifen konnte. Ich begab mich in die Astralwelt, um meine bekannten astralen Freunde darum zu Bitten, mir zu Hilfe zu eilen. Keines dieser Wesen wollte mir aber helfen, denn alle sprachen von einer gewissen Prüfung, durch die ich zu gehen habe. Sie betraf meinen Pakt vor Jahrhunderten. Meine Gedanken verfinsterten sich und es war mir klar, wenn nicht schnell Abhilfe geschaffen würde, wäre meine Frau getötet worden. Erste schlimme Krankheiten deuteten sich bei ihr schon an, die ich jedoch immer wieder aufhalten konnte.

Es kam mir die Idee, mit einem Dämonenfürsten in Verbindung zu treten, mit dem ich irgendwann einmal eine enge Verbindung hatte, die mir damals zum Schlechten gereichte. Nun hatte ich aber keine andere Wahl, da ich ihn eben kannte, als ihn um Hilfe zu bitten. Als ich bei ihm ankam, ließ man mich sogleich in seinen Palast vor, als ob alle schon wüssten, worum es ging. Der Fürst empfing mich in menschlicher Gestalt auf seinem Thron sitzend, der aus goldschimmerndem Licht bestand. Er selbst hatte fürstliche

Kleidung an, eine Königsrobe in violetter Farbe mit Goldfäden durchzogen. Auf seinem Kopf trug er eine mächtige Krone. Er sprach mich an: „Tritt vor, Menschlein. Du hast mir einst hervorragende Dienste geleistet und so werde ich Dir den Gefallen, jemanden zu töten, nachgehen!"

Ich antwortete ihm: „Nun großer König, Du bist wie immer bestens informiert, allerdings sollst Du niemanden töten!"

Er schaute mich mit etwas enttäuschter Miene an: „Nun, was soll ich für Dich tun? Ich habe die ganzen Dinge verfolgt, die Dir und Deiner Frau begegnet sind und der Tod könnte als Einziges diesen Menschen aufhalten."

Ich sprach zu ihm: „Lieber Fürst, ich kenne gewisse kosmische Abläufe und am Ende befinde ich mich in Deinen Krallen, also will ich die Sache anders definiert wissen."

„An was denkst Du denn?" Ich war mir sicher, dass er genau wusste, was ich wollte. Er beabsichtige, mich aufzuhalten, deswegen wollte ich so schnell wie möglich aus seinem Einfluss entkommen. Vorbereitet diktierte ich folgende Worte: „Falls Herr Dieter B. seine aktiven Angriffe fortsetzt, wird seiner Frau genau das passieren, was meiner Frau passieren sollte."

Dieses Schriftstück tritt erst in Kraft, wenn ich es verbrenne. Der Fürst war einverstanden und so begab ich mich auf grobmaterielle Ebene, um zwei Schriftstücke vorzubereiten, eines für mich, das andere auch für mich, es sei denn, ich wäre gezwungen gewesen, die Hilfe des Dämons in Anspruch zu nehmen. Über Nacht materialisierte sich die Unterschrift des Dämons auf den vorbereiteten Blättern. Ich war mir voll bewusst, sollte ich die Hilfe Samaels wirklich in Anspruch nehmen, so müsste ich alle karmischen Folgen tragen, die einem Pakt sehr nahe gekommen wären. Ich entschloss mich also nichts in dieser Hinsicht unbedacht zu tun. Ich bat sogar meinen ehemaligen Freund zu mir und gab ihm den Text preis. Dieser lächelte nur und erkannte die Unterschrift des Dämons nicht, weil er zu aufgeregt war. Der Dämon hatte in seiner Kurzschrift Siegel und Namen unterschrieben. Es verging genau eine Woche, als plötzlich seine Frau starb. Ich war sehr aufgebracht, weil hier nach den Vereinbarungen etwas nicht stimmte. Sofort begab ich mich zu Samael mit beiden Zetteln in astraler Form und sprach zu ihm: „Du hast Deine Abmachung nicht gehalten, ich besitze noch beide Ausführungen und Du hast die Frau getötet, ohne mein Dazutun. Ich bin also nicht verantwortlich für das, was geschehen ist und Du bist derjenige, der ohne Auftrag mordete."

Samael lachte mich an und sprach zu mir: „Sei doch nicht so zimperlich, die Frau ist tot und die Gerechtigkeit nahm ihren Lauf."

Ich antwortete sofort: „Nur Deine Gerechtigkeit nahm ihren Lauf, aber nicht die Meine!"

Samael sagte: „Nun wird man schon dafür ausgeschimpft, wenn man jemandem einen Gefallen tut", und plötzlich verfinsterte sich sein Antlitz und er zischte höhnisch: „Achte nur gut drauf, dass unsere Abmachung kein Feuer fängt!"

Ich hatte mir nun zwar kein Karma geschaffen und auch einem Pakt bin ich entgangen, aber ich hatte ein tiefes Mitgefühl für die Frau. Und so tat ich alles magisch Mögliche, um ihr Dasein in der Astralebene ein wenig zu erhöhen, weil ja ihre Lebenszeit regulär erst nach ca. 20 Jahren beendet gewesen wäre. Aber astralisch nahm ich keinen Kontakt zu ihr auf, weil sie schlief. So ist es Gesetz in der Astralebene, ähnlich wie beim Selbstmord, erst dann zu erwachen, wenn das Leben zu Ende gewesen wäre. Von dieser Zeit an ging es meinem ehemaligen Freund immer schlechter. Er verfiel der Spielleidenschaft, seine Kinder missrieten und bis heute hat sich sein Leben immer mehr verschlechtert. Das ist aber sein Karma, welches ich nicht ändern darf!

Anhang:

Was ich erst später rausfand, war, dass Samael nicht nur mir diente, sondern auch meinem ehemaligen Freund, denn der hatte es mit keinem Geringeren zu tun, als mit einem untergebenen Wesen Samaels!

Es war also egal, wie diese „Auseinandersetzung" enden sollte, Samael hätte immer einen Vorteil für sich verbuchen können! Hier wird die exzellente Intelligenz dieses Dämons klar, der also im besten Falle nicht nur mich gehabt hätte, sondern meinen „Gegner" noch dazu!

17. Dämonologie

Ich möchte es nicht versäumen, auch über einige Erzdämonen zu schreiben. Vorweg muss ich sagen, dass der direkte Kontakt zum Tode führt, es sei denn, ein Magier hat die höchste Gottverbundenheit erreicht. Wir müssen wissen, dass es ohne diese Dämonen keine stofflichen Welten gäbe. Jedem ist ja klar, dass die Materie dem Mentalen widerstreitet. Einigen dürfte es kalt über den Rücken laufen, dass zwei der hier angegebenen Dämonen in die Hierarchie zu den Elohim gehören, also Schöpfergottheiten sind. Die angeführten Dämonen sind vierpolig, somit auch unsterblich. Sie sind die reinsten Wesen, die von der Vorsehung für das abbauende Prinzip geschaffen wurden. Es gibt noch einige mehr als hier aufgeführt sind. Ich unterlasse es, die Siegelzeichen preiszugeben, zum eigenen Schutz des Lesers. All die aufgeführten Dämonen sind sogenannte Überintelligenzen, die mit bloßem Verstand nicht zu begreifen sind. Der Umstand, dass das abbauende Prinzip durchaus als göttliches Prinzip anzusehen ist, dürfte nun jedem klar sein. Umso mehr begreifen wir auch, dass der goldene Mittelweg der einzig vollkommene, universale Weg ist. Wenn der Mensch zum Sphärenmagier geworden ist, so muss dieser ja auch mit negativen Wesen Kontakt knüpfen, um nicht einseitig zu werden. Hell und dunkel, daraus entsteht der Rhythmus des Lebens! Mein Leben ist nach vielen Inkarnationen durch „GUT" und „BÖSE" verlaufen. Ich kenne Abgründe, die unvorstellbar sind, andererseits Höhen, die niemand, nicht einmal im Traum, sich vorstellen kann! So kann ich also sagen, mein Glück ist meine Erkenntnis!

SATAN

Er beanspruchte und erzwang für sich den freien Willen, selbstständiges Urteilen, Recht auf freies Handeln und Verantwortlichkeit. Er ist Herr des astralen Lichtes. Er rüstet den Menschen mit den 7 Todsünden aus, indem er die Hand in das Chaos tauchte (Akasha), schuf er mit Hilfe des Wortes die Erde. Durch die Verdichtung des Chaos entstand unser Planet. Dies alles tat er aus Trotz, weil man ihm nicht seinen eigenen Willen geben wollte. Er ist der Herr aller negativen Wesen bzw. Genien. Dafür wurde er verbannt in die Materie, welches sein Tun sofort begrenzte. Deswegen ist die Erde ein besonderer Planet. Sie sollte gar nicht in Erscheinung treten, warum dies aber so ist, liegt in der tiefsten göttlichen Vorsehung verborgen. Satan ist Engel und Mensch zugleich. Dies ist ein Zeugnis seiner Göttlichkeit. Satan war der 1. Fürst dieser Welt, nachdem er infolge seines Aufruhrs auf die Erde gebannt war, blieb er auf der Erde als ein entkörperter Geist und versuchte Adam und Eva. Ihn gab es vor der Menschheit, er ist ein Hermaphrodit. Er ging aus Akasha hervor und alle negativen Wesen mit ihm. Die Notwendigkeit der menschlichen Entwicklung musste Satan zur Schlange im Paradies werden lassen.

LUCIFER

Er ist der Geist der intellektuellen Erleuchtung und Gedankenfreiheit. Im höchsten Aspekt ist er eine leuchtende Gottheit, im untersten Aspekt der Widersacher, welches sich beides im Menschen reflektiert. Lucifer ist der erstgeborene „Bruder" Satans, sein Machtbereich ist wie bei allen Dämonen, die hier aufgezählt sind, an die Erde allein gebunden, also sinngemäß an den Grobstoff. Das bedeutet, dass überall wo Stofflichkeit herrscht (Makrokosmos), sein Wirken präsent ist. Die Angaben bei allen dämonischen Wesen sind nur knapp beschrieben und zeigen nur einige abstrakte Bedeutungen.

BAPHOMET

Er ist der Schöpfer des Magnum Opus und Bildner des Astrallichtes. Das Astrallicht ist in der stofflichen Ebene die Lebenskraft, es ist die älteste Form des Lichtes. Alles was existiert, hat sich aus diesem entwickelt. Der Name Baphomet bedeutet „Der von Gott Getrennte". Durch seine Anweisung entstanden die ersten Waffen und magische Spiegel, die zur Vernichtung von Feinden dienen. Er erhält seine Kraft von der Höhe und der Tiefe. Er ist der Botschafter der Weisheitsworte Gottes, er wurde zum Sündenbock, weil er die Frauen schuf als negatives Prinzip. Wie bei allen hier aufgeführten Dämonen wirkt auch dieser makrokosmisch auf den Grobstoff. Täten all diese Dämonen nichts „Schlechtes", so könnte nichts „Gutes" gedeihen!

SAMAEL

Er ist wesensgleich mit Jehova, er ist der Geist der Erde. Er ist eine besondere Gottheit, denn er ist einer der 7 Elohim. Er ist eine symbolische Form des Saturn oder Kronos. Jehova und Saturn sind glyphisch identisch. Er ist der Menschenbetrügende und verursachte den Fall des Menschen. In der jüdischen Kabbalah wird Samael, welcher Satan ähnlich ist, als wesensgleich mit St. Michael, dem Bezwinger des Drachen gezeigt. Samael ist die verborgene Weisheit, Michael die höhere irdische Weisheit, die beide aus derselben Quelle entstanden sind. Samael ist notwendig für Entwicklung und Vervollkommnung. Er ist gegen die Natur und schafft deshalb Wüsten.

BAAL

Er ist eine Sonnengottheit! Er nimmt sogar Totenerweckungen vor, wenn er seine Vorteile darin sieht. Er ist die ursprüngliche Idee der Finsternis, welche sich manifestierte. Baal ist der Schöpfer der Verschlagenheit, seine Herrschaft ist schrankenlos. Er ließ die universelle Sprache zersplittern in die vielen Sprachen dieser Welt. Dieser Dämon trägt die Maske der Unreinheit. Er ist ein verzehrendes Feuer, welches die Lebenskraft förmlich zerstört. Ein Kontakt mit ihm bringt große Weisheit, aber er verkörpert auch Soma, „den Trank des Vergessens". Alles, was auf Erden Gift beinhaltet, lässt er entstehen, z. B. Pilze, Schlangen usw., aber er lässt auch den Menschen hochgiftige Substanzen erfinden. Ein Zusammentreffen mit ihm wäre sogar mental tödlich. Er ist der Dämon der Entwertung.

*

Ausführlichere Informationen findet der interessierte Leser über diese Dämonengötter im Buch „Allzu Unmenschliches" von Hohenstätten.

18. Logen, Vereinigungen und andere seltsame Leute

Bevor ich die Erfahrungen der oben genannten Dinge beschreibe, möchte ich noch einmal kurz etwas über die Dämonen sagen, die ja gerade wegen ihrer geistigen Potenz von gewissen Menschen verehrt werden. Es ist ja nicht nur das negative Prinzip, sondern auch der leuchtende Schein des Göttlichen und diesem Licht verfallen die Schwarzmagier, wie der Nachtfalter seinen Tod in dem Licht der Kerze findet. Ich denke, so lässt sich die Schwarze Magie, wenn es denn wirklich Magie ist, durchaus erklären.
Im Laufe meiner Zeit der praktischen Magie haben auch solche Leute an meiner Wohnungstür geklopft. Und keinen von ihnen habe ich abgewiesen. Zunächst möchte ich einmal erklären, dass die Saturni-Loge in Wirklichkeit eine gefallene Freimaurerloge ist. Ihre große Bedeutung ist mittlerweile nach dem Tod ihres Gründers geschwunden, weil die Freimaurerschaft die Mitglieder als nicht geeignet betrachten. Da mir nun einiges Material in meiner wertvollen Logensammlung (Schriften, Rituale, usw.) fehlte, nahm

ich Kontakt mit einem Freimaurer des 33. Grades auf, Herrn W., um mich mit ihm zu arrangieren. Mittlerweile besaß ich schon einige wertvolle Dinge, die ich Herrn W., dem Großmeister, anbot, um an noch geheimere Schriften zu gelangen. Wir trafen uns eines Samstags in einer ruhigen Gaststätte in Bochum, um einander kennenzulernen. Ich musste feststellen, dass er ein sehr umgänglicher Mann war bzw. ist, der gleich am Anfang des Gespräches offen sagte, dass er den Weg zur Linken geht, aus Gründen, die er nicht erörtern wollte. Wir tauschten Materialien aus, die von beiden Seiten als gut und wertvoll betrachtet wurden. Das Gespräch, was folgte, ließ erkennen, dass er mich gerne für seine Loge gewinnen wollte. Ich verneinte natürlich mit der Begründung, dass ich bereits meinen Weg gefunden habe und keinesfalls wieder verlassen wollte. Ich weiß nicht, welches Interesse dieser Mann an mir hatte, denn er bot mir an, dass ich die unteren Grade nicht passieren brauchte, um gleich in den 18. Grad (Gradus Pentalpha – Praktiken der „Sexual-Magie") zu kommen. Als ich abermals verneinte, sprach Herr W.: „Stellen Sie sich vor, Sie wären ein Baum und viele andere Bäume würden sich schützend um Sie stellen."

Dem hielt ich entgegen: „Ein Baum, der für sich alleine steht, wird in der Regel stärker und gesünder sein, weil er jedem Sturme trotzt und letztlich sich so entfalten kann, wie es im Wald nicht möglich ist."

Ich erkannte in Herrn W.´s Augen eine gewisse Traurigkeit, bis er mir sagte: „Möchtest Du in diesem Leben noch die ersten beiden negativen Seiten der Tarotkarten erlernen?"

Ich war sehr verblüfft und zunächst fehlte mir die Antwort. Herr W. lächelte mich nun mit einem besonderen Glänzen in den Augen an, wie ich es nie zuvor bei einem Menschen sah: „Möchtest Du in die Loge der Goldenen Hundert (FOGC)?"

Ich verstand sofort und sprach Herrn W. etwas verbittert an: „Ich gehe den Weg der Mitte und daher bin ich nicht bereit, irgendwo abzubiegen. Ihr Vertrauen ehrt mich und menschlich achte ich Sie sehr. Sie werden in meiner Erinnerung bleiben als ein starker Mann, der für sich seinen Weg gefunden hat."

Dann verabschiedeten wir uns und es folgte noch ein kurzzeitiger Brief-kontakt, den wir aber abbrechen mussten, weil eine dritte Person – ein Großmeister der linken Seite – bei mir anrief, die den Kontakt verbot, sonst würde dies bei mir zum Tode führen.

Ich antwortete darauf: „Mir liegt ohnehin nichts an dem Kontakt mit Euch und ich will Euch in Eurer Arbeit nicht stören. Das Gleiche verlange ich aber auch von Euch für mich."

Nach kurzer Zeit waren wir uns einig und so war der Kontakt völlig ausgelöscht. Von da an war auch der Kontakt zu Bruder Giovanni beendet. Dies war der Logenname von Herrn W.

*

Noch viel mehr Neuigkeiten findet der Hermetiker über das Wirken und Arbeiten der wahren schwarz-magisch geschulten Logen in den Lebensgeschichten von Anions Lieblingsschüler Hohenstätten.

*

Die Templer

Eines Tages erhielt ich einen Anruf aus Bonn. Eine freundliche Stimme fragte mich, ob ich Material hätte von einem sehr geheimen Quintscher-Buch: „Da Sie ja vor einiger Zeit den Sohn von ihm besucht haben."
Mein Erstaunen war nicht schlecht, dass dieser Mann von meinem Besuch bei Quintscher wusste. Er erfuhr davon von seinen verbündeten Dämonen. Jedenfalls machte ich einen geeigneten Termin mit ihm aus, um mich mit ihm zu treffen. Es erschien ein Mann mit Spitzbart, welches das äußere Erkennungszeichen der Templer (=FOGC) ist und die ihre absolute Gottheit in Baphomet sehen. Aber zurück zum ursprünglichen Thema.
Der Mann war gut gekleidet und machte auch sonst einen guten Eindruck. Nur seine Ausstrahlung empfand ich als sehr unangenehm. Wir sprachen einige Zeit über die Templer-Loge, die der wirkliche Ausgangspunkt der Malteser ist. Nun kamen wir zum wirklichen Grund seines Besuches, er wollte alle Siegel der negativen Wesen der Merkurzone von mir haben, nebst den Wirkungen in Beziehung auf die Elemente und des elektromagnetischen Fluides. Ich sagte ihm: „Ich weiß von Eurer Gottheit und diese ist mächtig genug, Euch die Namen und alle anderen Funktionen zu geben. Warum kommen Sie also zu mir?"
Er nannte den Grund frei heraus: „Unsere Gottheit will zum jetzigen Zeitpunkt in dieser Beziehung nichts preisgeben."
Ich lächelte ihn an und sprach: „Es handelt sich wohl um Karma? Sie stecken fest in einem Logen-Grad. Denken Sie allen Ernstes, dass ich Ihnen gebe, was ihre Gottheit verneint?"
Ich spürte förmlich, wie in diesem Manne die Aggressivität stieg, welche er

43

durch ein Lächeln verbergen wollte. Er spürte, dass ich ihm auf die Schliche gekommen war und er fing an mir zu drohen, mich mit einem neu entwickeltem Tepaphon zu töten. Erst wollte ich ihn einfach aus meiner Wohnung werfen, doch dann entschloss ich mich zu einem anderen Spiel. Er dachte wohl, ich würde überlegen. Ich zog ihm aber wie ein Vampir die Lebenskraft ab. Dann sprach ich zu ihm: „Haben Sie eine Ahnung von dem Lebensrhythmus?" Er hatte bereits tiefe dunkle Ringe unter den Augen, welches das Zeichen für eine körperliche Schwäche ist.

Alsdann begann ich in diesen Rhythmus einzugreifen, welches mir sehr langsam gelang und mein Bruder Templer begann zu zittern. Ich sprach zu ihm: „Nimm dies als Warnung und solltet ihr nur im Ansatz versuchen, etwas zu tun, wird es allen Beteiligten Deiner Bruderschaft so gehen, wie Dir jetzt!" Ich fragte: „Wo ist jetzt Dein Gott?"

Die Lebenssituation wurde für diesen Mann bereits kritisch und sein Atem ging schwer. Dicke Schweißperlen rollten von seiner Stirn. Ich begann nun den Mann wiederzubeleben und auch das Herz wieder in normalem Rhythmus kommen zu lassen, damit nichts Schlimmeres passiert. Als er die Besserung spürte, sprang er auf, um fluchtartig das Haus zu verlassen.

Über mehr Kontakte möchte ich nicht schreiben, denn es könnte langweilig werden und so beende ich dieses Kapitel.

Zerstörung einer Gemeinschaft

Bevor ich mit dem neuen Kapitel beginne, möchte ich noch kurz erwähnen, dass ich von diesem Templer nie wieder etwas gehört habe.

*

Ich las in der Zeitung „Esotera", dass ein Treffen der Gruppe „Vereinigung für Lebenshilfe und Reiki" in Gelsenkirchen stattfinden sollte. Zeitlich war es kein Problem, so gab ich meiner Neugier nach, um das gemietete Lokal aufzusuchen. Initiatorin des Kreises war eine sehr reiche Bauunternehmerin, der Zweite war ein Mann mit dem Beruf des Managers mehrerer Reisebüros. Als Dritte eine Elektrophysikerin mit Professur und einige andere, die ich nicht alle aufzählen will. Die Gruppe schwelgte im Eigenlob. Ich war ihnen nicht bekannt, so sollte ich meinen Namen sagen. Mein Verneinen war sehr höflich und so durfte ich bleiben. Man sprach von Reikizentren, die wie klein angelegte Sanatorien arbeiten sollten, um dementsprechend viel Geld zu verdienen. Alle waren schon sehr wohlhabend, wenn nicht reich. In mir kam die Bestätigung auf, dass die Vorsehung mich hierhin geschickt hatte, um die Gier dieser Leute aufzudecken. Ich gab vor, dass mir mein Handgelenk schmerze. Sofort gab die rundliche Leiterin und Initiatorin einem der Anwesenden den Auftrag, mir die Schmerzen zu nehmen. Mein Feingefühl bemerkte zwar die Aura des Mannes, aber mehr nicht. Er fragte: „Hilft es?"

„Sie sollten es wissen, als Reiki-Heiler!"

Langsam geriet ich in Fahrt. So sagte ich: „Ich bin ein hoher Reikimeister, deswegen wollte ich hier sein!" Weiters sagte ich: „Reiki basiert auf dem elektromagnetischen Fluid".

Die Elektronikerin meldete Zweifel an, worauf sie mir sagte: „Versuchen Sie es mit Elektrizität."

Es war recht einfach für mich, weil ich ja einem Auftrag nachging! Ich ging auf die Dame zu, mit der Bitte, sie möge sich hinstellen. Dann nahm ich ihre Hände in die meinen mit der Anmerkung, sie möge genau aufpassen. Ein harter Stromschlag ging durch sie, beim Zweiten wurde sie auf ihren Stuhl zurückgeschleudert. Meine Ärmel waren hochgezogen, so dass man sah, dass etwa ein Elektrogerät nicht versteckt war. Sofort wurde die Professorin von ihren Freunden umringt. Sie war sprachlos, gab den anderen aber zu verstehen, dass es ihr gut ging. Danach sollte ich für die Gruppe arbeiten, man bot mir nicht wenig Geld an. Alle waren sich einig, denn so etwas hatten sie noch nie zuvor gesehen. Der Versuchsperson ging es nun wieder gut. Nur die zerstörte Frisur zeigte an, dass sie mit Strom zu tun hatte. Die Bauunternehmerin fragte mich, welche Fähigkeiten ich noch hätte. Meine Antwort war: „Gedankenlesen."

„So lesen Sie einmal."

„Meine liebe Frau, Sie denken schon geraume Zeit daran, wie Sie den Herrn aus dem Reisebüro ins Bett bekommen."

Die Dame lief rot an: „Außerdem haben Sie das Treffen nur veranlasst, um ein Alibi für den Abend zu haben, obwohl eines ihrer beiden Kinder an einer sehr schweren Grippe leidet und ihr Mann deswegen zu Hause bleiben musste."

„Hören Sie sofort auf!" Alle schauten Sie an.

„Nun zu Ihnen, Herr Manager. Sie haben das kokette Werben bemerkt und werden noch heute Abend Arm in Arm liegen. Obwohl Sie die Dame nicht sehr attraktiv finden, versprechen Sie sich finanzielle Unterstützung wegen des neuen Autos. Gott verhüte, dass Ihre sehr eifersüchtige Frau dahinter kommt."

Auch der Herr war mittlerweile sehr blass geworden, aber ich sprach weiter und sagte: „Obwohl Ihr nun die Hintergründe kennt, wird heute kein Weg am Bett vorbeiführen."

Zu einer anderen Frau sagte ich: „Sie sind doch eine leidenschaftliche Kartenlegerin, haben Ihre Karten über den heutigen Abend nichts gesagt?"

Weiter sagte ich: „Sie müssen schon entschuldigen, dass ich für Euch nicht arbeiten kann, weil mir bestimmte Dinge zuwider sind."

Man wollte doch noch meine Adresse, aber ich verabschiedete mich. Während der Heimfahrt fühlte ich mich sehr wohl, weil ich wusste, dass mein Auftrag gut erfüllt war. Die Gruppe, so erfuhr ich später, hatte sich aufgelöst.

Hin und wieder kommen noch einige Menschen, denen ich zeigen darf, was Magie wirklich ist. Meine Freude ist dann groß, weil ich diesen Leuten Fähigkeiten zeigen darf, die ich in der Regel für mich behalten muss. **Denn Schweigen ist eine Macht, die in der Regel niemand so recht erkennt!**

*

Natürlich gibt es auch Vereinigungen, die auf positiver Ebene arbeiten, zum Teil sogar weiß-magisch (Heilige), welche nur die rechte Seite der Gottheit verwirklichen, wie wir das in der 4. Tarot-Karte bereits beschrieben haben.

19. Die Gottheit Christus

Ich bin nicht bereit, das neue Testament der Bibel zu berichtigen und neu zu schreiben. Deswegen wende ich mich Christus von einer anderen Seite zu. Zunächst ist einmal wissenswert, dass Christus zu den Brüdern des Lichtes gehörte und einer von den 12 Alten war. Gemeint ist die Bruderschaft der Blauen Mönche. Er bekam die Aufgabe, den Menschen die höhere Liebe zu bringen, denn Sexualität oder z. B. Stammestreue gab es sehr wohl vor Christus. Man muss wissen, dass Christus in Erdenjahren gerechnet ca. vier Milliarden Jahre alt war. Er war, wie alle 12 Alten, eine personifizierte Gottheit, welche alle 78 Tarotkarten beherrschte. Er sollte zwar die höhere Liebe bringen, das heißt die Verstofflichung einer göttlichen Eigenschaft, aber wie gesagt, war er in allen Aspekten vollkommen. Sein Auftrag ist ein weitaus größerer gewesen, als die meisten Christen überhaupt wissen. Die meisten Zitate in der Bibel über Christus sind wahr, wenn auch

Übersetzungsfehler vorhanden sind und der Vatikan das größte Wissen über verschiedene Arkanen unter Verschluss hat. Vor dem Hellsichtigen kann man aber nichts verbergen. So wurde beispielsweise durch das 5. ökumenische Konzil in Konstantinopel im Jahre 553 durch einen Papst die Reinkarnation aus der Christenheit entfernt. Und viele andere Dinge, welche von Christus universell gelehrt wurden, sind einfach durch Papstbeschlüsse dem Christentum fortgenommen worden wie die Existenz des Mentalkörpers.

Wie kann man eine Eigenschaft Gottes verstofflichen? Es bedurfte einer besonderen alchemistischen Arbeit von Christus. Vor seiner Kreuzigung hat er im höchsten Maße sein Blut präpariert, sodass es stärker war als der Stein der Weisen. Als es zur Kreuzigung kam, starb der Körper Christi wirklich und das Blut, welches dabei vergossen wurde, drang in die Erde ein. Dies wiederum bewirkte, dass von da an die geistige Substanz des Christus sich langsam über die grobstoffliche Erde verteilte, die nach und nach auf die einzelnen Menschen zu wirken begann. Dieser alchemistische Prozess ist noch nicht beendet und es wird bis zu 500 Jahre noch dauern, dass der Mensch von der Substanz Christus in Verbindung mit der Erde seine volle Wirksamkeit erreicht. In Franz Bardons Buch „Der Schlüssel zur wahren Quabbalah" steht auch geschrieben, dass das Akashaprinzip sich in Zukunft auf der grobstofflichen Ebene verstärkt, so dass letztlich die Erde selbst jeden einzelnen Menschen zum magischen Gleichgewicht tendieren lässt. So überhaupt wird es möglich sein, dass Millionen Menschen mit dem Wissen und der Praxis Bardons Weg gehen können.

Unser magischer *Kreis* ist diesen Menschen bereits voraus, obwohl wir merken, wie schwierig die Veredlung der Seele ist. Und darin erkennen wir erst den wahren Wert der Verkörperung Christus. Die ganze Menschheit wird sich ändern und jeder Einzelne weltweit wird unbewusst von dieser Substanz Christus einen gewaltigen Teil von der Erde geschenkt bekommen. Es wird dann keine größeren Kriege mehr geben und die selbstzerstörerische Macht im Menschen wird weichen müssen, um einem tiefen Glauben Platz zu machen. Eine allgemeine magische Entwicklung wird beginnen und ich danke Christus für seine erhabene große Tat, welche die Erde im wahrsten Sinne des Wortes rettete. Nach dem Tode Christi blieb er eine Weile astralisch auf dieser Welt und er war imstande seinen Astralkörper derart mit dem Erdelement zu stauen, dass er greifbar war wie ein stofflicher Körper. Nach einiger Zeit begab er sich in die Astralebene und war sich bewusst, dass aufgrund seiner Mission sein geistiger Tod beschlossen war. Selbst Satan pochte auf die Verwirklichung dieser Gesetze! Da Christus eine Überintelligenz durch seine Tat geworden ist, so schuf er sich selbst astralisch, mit all seinen Eigenschaften und Fähigkeiten, seinen Geist verbunden mit einer starken Mentalmatrize und legte all seine Persönlichkeit in dieses selbstgeschaffene Ebenbild, um dann ins Akasha oder Nirvana einzugehen. Aus diesem Grund wird jeder Magier, der Christus als seine Gottheit gewählt hat, auch seinen Gott in voller Größe erfahren können. Und auch nur so ist es möglich, dass seine eigene Prophezeiung, auf die Erde zurückzukehren, wahr werden kann. Er wird wieder eine Aufgabe höchsten Ranges haben und all die Magier, die jetzt ihn gewählt haben, wird er finden und selbst belehren.

Ich möchte noch einige Einzelheiten schreiben, die sehr interessant sein dürften. Christus ist vor seiner Verkörperung durch alle uns bekannten Sphären gegangen, er ist darüber hinaus durch über 40 außermakrokosmische Sphären gegangen, welche allesamt sehr abstrakt sind. Später war er mental äußerst viel in der Sonnensphäre, um von da aus selbst den quabbalistischen Zehner-Schlüssel zu sprechen und so Einfluss zu nehmen auf den gesamten Makro- und Mikrokosmos, um auf alle Ebenen zu wirken. Christus war oft im Zwiegespräch mit Metatron und erhielt von diesem Fähigkeiten, die zu abstrakt sind, um sie niederzuschreiben. Unter anderem hat er außerkosmische Sphären besucht, dass heißt, von der Sonne aus erhielt er die Möglichkeit, andere Sonnensysteme kennenzulernen, die Zahl dürfte 100 überschreiten, wobei er Gesetze vorfand, die keineswegs mit den unseren identisch sind, aber dadurch lernte er gewisse Modifikationen des Akashas in sich aufzunehmen und zu begreifen. Möglich war dies deswegen, weil er in jedem Kosmos Metatron wiederfand, in der entsprechenden Sonne und von daher die Gesetzmäßigkeiten durch Erleuchtungen auch verstehen konnte. Man bedenke die Größe dieser Gottheit, welche sich aus Liebe der Menschheit gegenüber aus seiner höchsten Höhe auf den Erdenplaneten herab gelassen hat, um dort die größte Schmach zu erdulden und große Grausamkeiten ihm das Leben schwer machten. Man kann hier nur noch sagen, dass für den Christen Joschua der einzige Gott ist, welcher für den Magier selbst in Metatron eine Spieglung seines Gottes ist.

20. Shiva, der Gott der Zerstörung

Ich möchte jetzt von einer Gottheit sprechen, die ich durch ein indisches Mantram erleben durfte. Da nun gerade über Göttlichkeiten geschrieben wird, möchte ich auch Shiva nicht vergessen, der heute noch in Indien verehrt wird und Teil des Hinduismus ist. Er ist eine Überintelligenz, der sich nie verkörpern brauchte, da er niemals Mensch war. Man nennt Shiva auch den Gott der Yogis und des Kundalini-Yogas. Ich möchte jetzt etwas klarstellen! Der Name Shiva ist verkehrt, sein wirklicher Name ist **INDRA!** (Vergleiche die einschlägige indische Literatur!) Laut Überschrift ist Indra, so werde ich ihn jetzt immer der Wahrheit wegen nennen, der Gott der Zerstörung. Er zerstört allerdings weder die Erde noch einen Menschen, sondern er zerstört an erster Stelle Maja, auf Deutsch Verblendung genannt, weiterhin Unwissenheit, Unvollkommenes, Falsches usw. Indra ist eine vierpolige Gottheit und Shakti ist lediglich er selbst. Allerdings stellt sie die beiden passiven Elemente dar, Wasser und Erde und sein aktiver Teil ist Feuer und Luft. Wir haben mit dieser Gottheit ein wunderbares Wesen, welches auch karmisch durch Evolution wirkt. Indra als Gesamtwesen zu verstehen und in Gebetsformeln zu kleiden, ist äußerst schwer. Erst die Trennung Indra-Shakti lässt uns Menschen ihn ein wenig verstehen. Seine geistige Höhe ist gleichbedeutend mit der eines Schöpfers (Elohim). Er ist einer der Götter, die den Menschen sehr zugeneigt sind. Sein Erscheinungsbild ist das eines hohen Königs und er ist ganz in Gold gekleidet. Seine Erscheinung ist sehr freundlich, raubt aber gleich durch seine Ausstrahlung das normale menschliche Bewusstsein. Daher ist es gut, sich mit einem Mantram ihm zu nähern, weil der Geist sich langsam an diese Schwingung anpassen kann.

Meinerseits hatte ich damals sehr große Schwierigkeiten, mit dieser Gottheit einen Kontakt aufzubauen. Mein Übungsraum veränderte sich plötzlich, wurde mal länger, dann wieder breiter, und da ich auf einem Stuhl saß und ich nach unten schaute, überkam mich Höhenangst, denn ich befand mich ca. 1000 Meter augenscheinlich über dem Boden, obwohl ich nur auf einem Stuhl saß. Dies waren ganz klar schon Auswirkungen Indras, der mich auf die Veränderungen der irdischen Ausmaße belehrte und wie relativ das Ganze zu sehen ist. Viele andere Merkwürdigkeiten geschahen noch, die mein Verhältnis Materie-Geist nachhaltig veränderten. Indra herrscht in allen Sphären und ist letztlich eine Modifikation (eine

Verkörperung) Akashas.

So ist denn auch sein Wesen. Die unteren Bereiche durchaus verständlich, wunscherfüllend, die höheren Aspekte selbst für einen hohen Magier unbegreiflich.

Indra wird es auch sein, der am Ende des Brahmatages die Materie vernichtet, aber dies ist schon weit in die Zukunft gegriffen. Sein wohlgeformter, makelloser Körper, mit einem Gesicht, welches Liebe und Macht, Allwissenheit und Allgegenwart ausdrückt, ist schon eine Besonderheit, welche unübertroffen auf mich wirkte. Hat man einen Wunsch an Indra, so erfüllt er ihn in der Regel augenblicklich. Sein Machtbereich erstreckt sich auf alles und auf allen drei Ebenen. Diese Gottheit nimmt auch im Kundalini-Yoga eine sehr gesonderte Stellung ein, weil nur höhergestellte Yogis im Stande sind, mit INDRA zu arbeiten. Wollte man sein Zeichen aufmalen, so käme dies dem Worte „AUM" bis auf wenige Änderungen sehr nahe. Indra ist in ständiger Tätigkeit, denn da, wo er zerstört, was Verblendung ist, fügt er sofort die kosmische universelle Wahrheit ein. Indra gehörte letztlich zu jenen, die ganz inständig dafür gearbeitet haben, damit Franz Bardons Bücher schon jetzt erscheinen und nicht wie vorgesehen in etwa 500-600 Jahren. Die göttliche Vorsehung sieht Indra als sichtbaren Teil Ihrer selbst, somit brauche ich jetzt nicht über Hierarchie zu schreiben, weil Indra eine der höchsten Gottheiten überhaupt ist, er steht noch über Brahma, dem Schöpfer und Vishnu, also den Schöpfer und Erhalter. Letztendlich sagt Indra: **„ALLE DREI SIND WIR EINS!"**

Es ließe sich nun noch viel schreiben, aber für den Europäer mag es genug sein. Ich würde jedem raten, der einmal die Möglichkeit hat, mit Gottheiten zu verkehren, Indra auf gar keinen Fall auszulassen.

21. Die Macht

Die Allmacht ist die erste Emanation der Gottheit. Der Mensch an sich ist ohnmächtig und nur der Magier bringt in seinen Arbeiten, gerade was die erste Tarotkarte betrifft, auch Macht hervor. Diese Macht äußert sich hauptsächlich im Willen, indem er seinen Weg unbeugsam geht und seinen Willen fast übermenschlich gebraucht. Der Magier braucht diese Macht, um Herr der Elemente zu werden und letztlich auch zu bleiben, aber auch im Alltag setzt er seinen Willen oder auch seine Macht ein, um Chaotisches zu beseitigen. Die Macht ist ihm das beste Mittel, sich dem Leben und dem Schicksal zu stellen. Wer einen solchen Willen aufbringt, dem kann im Grunde genommen nichts mehr passieren, denn das Element Feuer wird immer dafür Sorge tragen. Auch die Macht ist ein zweischneidiges Schwert: Setzt man sie aus egoistischen Gründen ein, so wird es nicht lange dauern, dass sie sich in Ohnmacht wandelt. Letztendlich entscheidet Akasha darüber. Wir können diese Macht gebrauchen und durchaus zerstörerisch wirken, aber nur dort, wo das Gleichgewicht gestört ist und wir die Verantwortung übernehmen können. Im *Adepten* lernen wir als Erstes mit diesem Element umzugehen, ansonsten könnten wir die drei Folgenden nicht unter unseren Willen bringen. Das feurige Prinzip ist zugleich das feinste Element von allen, aber auch das Mächtigste. Niemand sollte sich hier vertun, denn Feuer brennt heiß. Halte einen Finger in Luft, Wasser und Erde und nichts wird passieren. Halte dagegen einen Finger ins Feuer, so dürfte das Ergebnis bekannt sein. Feuer ist immer expansiv und strahlt das elektrische Fluid aus und gerade mit diesem Fluid wird der Magier die schlimmsten Krankheiten, welche dem Feuerelement zugeordnet sind, heilen. Dies ist so, weil das elektrische Fluid im Akasha getragen wird und somit die größte Kraft besitzt, denn erst beim Verlassen Akashas wird dieses Fluid zu dem sogenannten Feuerelement. Mit diesem Element können wir alle anderen Elemente stärken und letztlich ist das gebärende Prinzip des Feuerelementes der manifestierte Glaube. Bis dahin ist es ein recht weiter Weg. Man wird mit dem Feuerelement in der dritten Stufe Franz Bardons bekannt gemacht, in Form von reiner Einbildung (Imagination). Erst im weiteren Verlauf bis zur Stufe 5 oder 6 wird man die Fähigkeit erhalten, das Feuerprinzip regelrecht zu invozieren und letztlich auch zu evozieren. Erst dann können wir vom richtigen Arbeiten mit dem Feuerelement sprechen, weil zuvor die Einbildung einen großen Einfluss nahm. So ist es übrigens mit den übrigen drei Elementen auch, wobei das Luftelement sich am schwersten evozieren lässt. Man sieht hier also, wie aus starker Einbildungskraft Realität wird und diese Realität kann nur im Einklang mit Akasha, der Gottheit, stattfinden. Da das Feuerelement das feinste Element ist, wird man es einerseits schnell erüben können. Die Schwierigkeit besteht aber darin, das Feuerelement immer unter Willen zu halten (expansiv, flüchtig, ätherisch). Dies ist auch für den Alchemisten von größter Bedeutung und man muss schon mit einem sehr guten Feingefühl die Sache willentlich beherrschen können. Der erste Grundsatz für den

Alchemisten heißt: Ohne das Feuerelement geht nichts! Gehen wir das Feuerelement von einem höheren Aspekt aus an. In ihm sind die Allmacht und die Allkraft des Schöpfers verborgen. Er schuf das Feuerelement mit dem Buchstaben SCH und dem K. Diese beiden Buchstaben deuten einmal auf die Qualitäten und Quantitäten hin. Wie der Name Allmacht und Allkraft schon sagt, sind diese Zustände rein abstrakt. Der Mensch ist der Mikrokosmos und so geht aus seinem Akasha ebenfalls die Allmacht und Allkraft hervor, die wir uns von den untersten Aspekten bis zu den abstrakt höchsten Aspekten in uns verwirklichen. Makrokosmisch möchte ich darauf hinweisen, dass gerade diese beiden Buchstaben tatsächlich den sogenannten Urknall hervorriefen. Ich will damit betonen, dass im Mikrokosmos die Allmacht schlafend vorhanden ist bis zur Gottverbundenheit und erst die Verbindung mit Metatron macht dann den ehemaligen Menschen zum tatsächlichen makrokosmisch Allmächtigen, der dann mit diesem Element umgehen kann, wie Gott selbst.

22. Die Liebe

Über die wahre Liebe wissen nur sehr wenige, wie tief sie ist und welchen Segen sie bringt. Liebe ist der Aspekt, mit dem man am meisten Karma beheben kann. Wohingegen beim Hass das genaue Gegenteil erreicht wird. Liebe ist geduldig, verzeihend, hochachtungsvoll, unvergänglich, tolerant, ein Gefühl der Zuwendung bei jeglichen Menschen und Wesen. Wer diese menschliche Liebe nicht erreicht, wird niemals die magische Liebe finden können, denn diese höhere Liebe lässt den Menschen alles ertragen und sei es noch so schlimm. Liebe ist das zweite Gebot Gottes und wer das nicht weiß, sollte sofort alle magischen Arbeiten beenden, denn wie sieht es andersrum aus, wenn Gott sich uns zuwendet? Er ist dann unendlich freigiebig, seine Milde ist nicht zu beschreiben und nur die Allmacht steht über dieser Liebe und beeinflusst dieselbe, damit sie noch größeren Wert erhält. Alle Menschen, die jemals ein Gotteserlebnis hatten, sollten dies nicht außer Acht lassen, denn wer Liebe erfahren hat, in dem darf kein Hass mehr sein.
Die meiste Liebe schenken wir den Kindern dieser Welt, denn sie sind unschuldig vor Gott und welcher Mensch wagt es, so ein unantastbares Wesen mit Härte zu bestrafen? Der Magier sieht alle Menschen als Kinder,

egal wie hoch das Alter ist. Damit bringt er die größte Demut zu seiner Gottheit zum Ausdruck. Es mag sich die Frage stellen: „Wie erziehe ich mein Kind?"

Die Antwort kann nur lauten: **„Nur mit Liebe!"**

Sollte nur ein Hauch von Wut oder falscher Emotion eine Rolle spielen, so verfärben wir das Licht der Liebe, welche dann logischerweise keine Liebe mehr ist. Wer wagt es ein kindliches Wesen zu bestrafen, welches doch unter Obhut der Gottheit selbst steht? Ein Kind ist kein Objekt, an dem man sich aus niedrigen Gründen rächt, denn Karma wird so einen Menschen unerbittlich verfolgen. Wer einen Menschen keine Liebe bringt, der kann sich nur selbst hassen und wie bemerkt, wird der Hass ihn zerstören. Wir aber sollen unseren Gott nachahmen, bei dem einen ist es Christus, bei dem anderen Maha-Devi, bei wieder anderen ist es Indra usw. Für alle diese Wesen hat Liebe einen besonderen Wert und Gott kehrt sich um und verlässt seinen Schützling, weil derselbe unreif ist zumindest menschlich zu sein. Folgende Situationen entstehen daraus:

- *Kein Erfolg bei den Übungen!*
- *Kein Erfolg bei der Introspektion!*
- *Tiefer Angriff auf den Glauben!*
- *Die Unmöglichkeit den Weg der Vervollkommnung zu gehen!*
- *Tiefe Selbstunzufriedenheit!*
- *Letztlich Aggressivität oder sogar Hass auf bestimmte Objekte usw.*

Liebe ist so rein, dass der Mensch, der erzogen wird, es noch nicht einmal merkt, indem man ihm die richtigen Anweisungen gibt, auf keinen Fall unter Druck setzt, sondern bei Unterlassung des Fehlers beim Kind wie beim Erwachsenen freigiebig ein Geschenk macht. Soweit reicht die Liebe.

Ein Mensch, den man liebt, blüht unter dieser Kraft auf. Gesundet, wenn er krank ist und lässt Ziele der Erziehung schneller verwirklichen! Das sind die unteren Gesetzte der Liebe, die ein jeder Durchschnittsmensch wissen sollte und wenn dem nicht so ist, so wird der Durchschnittsmensch leiden.

Anders beim Magier, er wird heimgesucht, wie ich schon bemerkte, von schlimmsten Krankheiten und ich wiederhole noch einmal, die Verwirklichung des magischen Weges ist unmöglich, denn Maya blendet solche Magier oder angehende Magier sofort. Liebesentzug ist die schlimmste Variante des Hasses. Wenn ich also eine Bitte ausschlage, ob beim Kind oder Erwachsenem, so ist es, als würde ich mir selbst etwas nicht gewähren. Ich spanne den Bogen des Akashas und die Sehne der göttlichen Vorsehung und schieße einen Pfeil tief in die Unendlichkeit. Dieser Pfeil kehrt zurück, um den Schützen selbst zu treffen. Darum sollte man sich stets überlegen, wie ich mit einem Menschen umgehe, denn habe ich Gutes gewollt, so wird der Pfeil mich auch treffen, aber mit Gutem beladen. Denn die Liebe ist langmütig, die Liebe ist gütig. Sie ereifert sich nicht, sie prahlt nicht, sie bläht sich nicht auf. Sie handelt nicht ungehörig, sucht nicht ihren Vorteil, lässt sich nicht zum Zorn reizen, trägt das Böse nicht nach. Sie freut sich nicht über das Unrecht, sondern freut sich an der Wahrheit. Sie erträgt alles, glaubt alles, hofft alles, hält allem stand. Die Liebe hört niemals auf. Auch das kann man Karma nennen.

23. Die Weisheit

Die Weisheit ist für die meisten Menschen ein Fremdwort, weil sie nicht bekannt ist. Die Menschen leben als Narren, sogar die Gebildetsten, weil ja meist nur ihr Wissen geschult ist und das ist einseitig. Auch bei den meisten hermetischen Anfängern finden wir das gleiche Problem. Man muss wissen, dass die eine Seite vom Feuerelement aufgeheizt wird, andererseits vom Wasserelement gekühlt wird. Und nur an der Schnittstelle, zwischen heiß und kalt, entspringt die Weisheit.
Man kann auch sagen: Wo Wille und Gefühl aufeinandertreffen, ist der Ausgangspunkt für die Weisheit. Dies lässt sich auch vom Kosmischen so erkennen, da dass elektrische auf das magnetische Fluid trifft und sich vereint.
Hier haben wir die feinste Form der Fluide. Man erkennt, dass Weisheit niemals im Kopf entsteht, oder im Bauch. Sie entsteht im Solaris-Plexus. Wenn man eine Weisheit ausspricht, so schweigt das Gehirn. Nur bei abstrakten Weisheiten lässt man die Fluide im Kopf, um sie erklärbar zu machen. Aber Vorsicht ist geboten, weil das Individuelle gleich versucht, sich einzumischen, wobei die Weisheit zum Wissen degradiert wird. Nur die vollkommene Ausgeglichenheit des Feuerelementes und des Wasserelementes lässt Weises auch weise bleiben. Die Weisheit nebst dem Wissen ist schon eine relative hohe Entwicklung! Dieses passive, elektro-magnetische Fluid finden wir nur im Luftelement, denn es ist hier nicht gebunden, im Gegensatz zum Erdelement. Bei den Hebräern, Ägyptern und

vielen anderen Systemen finden wir sogar aus diesem Grund eine Vergöttlichung des Luftelementes. Außerdem erinnere ich an die 4. Tarotkarte. Denn hier wird das Luftprinzip als Weg angegeben, wo dann letztlich die Worte stehen, die Weisheit ist nicht zufrieden, weil sie selbst bemerkt, dass sie nicht die Vollkommenheit darstellt. Dies geschieht dadurch, das Feuer und Wasser latent vorhanden sind. Nur diese beiden Elemente lassen die 4. Tarotkarte aus dem Luftelement ein universelles, großes Arkanum werden! Dort steht auch schon der höhere Gottesaspekt beschrieben, nämlich „allwissend" und „allweise"! Vom kosmischen Standpunkt ist das Luftelement das Ausgleichende zwischen Feuer und Wasser. Es nimmt also eine **Vermittlerrolle** ein, so dass der Kosmos überhaupt Bestand hat. Auch in der Alchemie muss man diesem Universalelement die richtige Bedeutung, gemäß meiner Beschreibung, beimessen, denn ein guter Alchemist wird hier schon den roten Löwen herstellen können. Er wird ja auch der Stein des **WEISEN** genannt. Gott schuf dieses Element mit dem **A**, welches der erste Buchstabe in unserem Alphabet ist.

Wenn ich also die Schöpfung der Elemente angebe, so sind dies die Urelemente – erst aus ihnen gehen die jetzt herrschenden Elemente hervor. Erklärbar ist dies aber nicht, denn Gott hat bei der Schöpfung den Zehnerschlüssel verwendet, somit für uns zurzeit noch unfassbar! Ich wünsche Wissen und Weisheit einem jeden, weil ein jeder Schüler der Hermetik ein wenig Weisheit von Geburt an bekam. An ihm ist es gelegen, sie zu vergrößern oder ganz zu verlieren.

Vor dem Letzteren warne ich, weil der magische Weg dann ganz schnell zu Ende geht!

24. Das Bewusstsein

Das Bewusstsein ist latent bei jedem Menschen vorhanden. Es kann nur aufrechterhalten werden, wenn alle drei vorherigen Elemente arbeiten, ansonsten verliert man das Bewusstsein. Beim Durchschnittsmenschen dämmert das Bewusstsein wie im Halbschlaf und der Mensch lebt eher unbewusst. Durch harte Schicksalsschläge erwacht er für eine gewisse Zeit und das ist der Wert des Karma, dass auf diese Weise einst alle Menschen erweckt. Unser Bewusstsein ist unser eigentliches ICH, mit dem wir stets wachsam die Gedanken schon vor Eintritt in die Mentalmatrize begutachten und für abbauend oder aufbauend gleich mit dem Geist einschreiten (Gedankenkontrolle), um sie einzulassen oder fortzuschicken. Das ICH ist tetragrammatonisch und somit ist unser ganzer Geist ein Ebenbild Gottes. Der angehende Magier trainiert alle 4 Elemente im seelischen Bereich, um sich seines Geistes bewusst zu werden. Auch unseren Seelenspiegel gleichen wir aus, denn durch die Mentalmatrize wird der Geist beeinflusst und durch die Astralmatrize der stoffliche Körper. Auch das Akashaprinzip wird gestärkt, um dann durch die Matrizen den Menschen zu verfeinern. Auf der stofflichen Ebene ist alles vierpolig, ob Sand, Wasser oder Sonstiges. Das gibt ihr den Zusammenhalt, sonst würde Sauerstoff, Wasser und eben alles auseinandergehen und am Ende bliebe nichts übrig. Das gilt natürlich für alle stofflichen Planeten und Dinge.

Ich betone, dass wir im ICH den ganzen Geist sehen und darum wird das ICH auch das Objekt, welches wir vervollkommnen müssen. Die göttliche Form ist die Allgegenwart, die wir Schritt für Schritt in uns verwirklichen. Die beste anfängliche Art ist die Gedankenausschaltung. Wenn wir hier tief genug eindringen, bekommen wir die Allgegenwart zu spüren. Natürlich nicht nach zwei Wochen Übung, da muss man wesentlich länger arbeiten. Schließlich wird diese Übung während des gesamten Lehrgangs beibehalten. Dass diese Allgegenwart erlebt werden muss und nicht etwa beschrieben werden kann, dürfte jedem klar sein.

Anders gehen wir in der 10. Stufe des Lehrgangs vor, wo wir uns die Allgegenwart vorstellen müssen. Man sieht hier einen sehr nahen Bezug der Gedankenausschaltung zur 10. Stufe. Denn wie könnte man sich etwas vorstellen, was man nicht kennt, auch wenn es abstrakt ist. Also ist es notwendig, während des Lehrgangs die Gedankenausschaltung bis zu einem Höchstmaß zu erfüllen. Das bedeutet dann nicht 10 Minuten die Gedanken zum Schweigen zu bringen, sondern etwa eine bis zwei Stunden. Ich hoffe, niemand ist überrascht, denn es ist **glasklar**, dass es nicht anders geht. Oder kann jeder allgegenwärtig sein? Nein, das kann er nur in der Tiefe eines gewissen Punktes. Dieser Punkt findet sich bei der Langzeitausschaltung selbst. Man sollte hier nicht manipulieren. Also habe ich noch einmal eine Zusammenfassung der vier Elemente gemacht, den Zusammenhang mit dem Menschen und letztlich den göttlichen Aspekt beschrieben, um zu erreichen und zu erklären, wie man von ganz unten nach oben dem göttlichen Wesen näherkommt. Insbesondere habe ich bei mir gespürt, dass Akasha sich in Form von Glauben manifestierte. Daraus ziehe ich den Schluss, dass dieser Weg durchaus von einem Gott begleitet wird, den wir zwar nicht gleich erfassen können, uns ihm aber nach und nach nähern, bis wir das Wesen erfassen, um es in uns aufzunehmen! Dann sind wir verkörperte Gottheiten. Diesen Zustand können wir dann immer, wenn wir wollen, hervorrufen oder auch ablegen. Eins steht jedoch fest, dass die Gottheit Spuren in uns hinterlässt und auch mit dem Normalbewusstsein für Ordnung in jeder Beziehung sorgt.

25. Der Glaube

Was wären die Elemente ohne Akasha? Nichts, denn sie würden sofort vergehen! So auch der Mensch, er hat zwar Akasha, aber er weiß es nicht. Deswegen verliert er nach und nach die Orientierung, denn er hat nichts, was ihn aufrecht hält. Es kommt sehr oft vor, dass ein Mensch nur glaubt, er habe keinen Glauben, aber man sieht ganz deutlich, dass er Ideale hat, die auch er versucht zu verwirklichen. Anders beim angehenden Magier. Schon bevor er den schweren Weg geht, hat er einen Gott, den er sehr verehrt und nicht zulässt, dass über seiner Gottheit etwas Höheres existiert. Sein Gott gibt ihm Halt, oft bekommt der angehende Magier von ihm Inspiration oder Intuition. Der Magier verehrt die Gottheit so stark, dass er versucht, ihre Eigenschaften anzunehmen. Er spürt regelrecht, dass seine Seele sich veredelt, um unbedingt sein Idol nachzuahmen. Je ausgeglichener die Seele wird, umso stärker äußert sich Akasha, welches eine Form bekommt, weil es selbst formlos ist. Hat die Seele das sogenannte magische Gleichgewicht erreicht, so wird Akasha selbst den Menschen in allen Elementen leiten. Er kann nun nichts mehr falsch machen, denn Gott sorgt dafür, dass der Mensch unantastbar wird. Karma wird Schritt für Schritt abgebaut. Ein solcher Zustand kann nur mit tiefster Demut erreicht werden, jeder Ausbruch egoistischer Meinung oder ICH-MENSCH-TATEN verhindern die Bindung an Gott, weil Ich-bezogene Menschen auf ihrer Meinung verharren und so sich über ihre Gottheit stellen, durch eine persönliche Meinung, die immer relativ ist und mit den Universalgesetzen nichts zu tun hat. Die persönliche Meinung ist immer falsch, wenn sie nicht den Universalgesetzen den Vorzug gibt. Ich habe Leute gekannt, die klüger, weiser als Gott selbst waren. Das ist Hochmut schlimmster Art, sie gehören zu den bedauernswertesten Wesen. Einige glaubten, sie könnten ohne Gott auskommen. Diese sind nach meiner Beobachtung alle gefallen. Sie haben mein tiefes Mitleid. Ein Universalgesetz verbietet unter Strafe, solche Menschen aus ihren Zuständen herauszuholen, weil ihnen die Möglichkeit genommen wird, die wahre Erkenntnis ihres Debakels zu erkennen. Denn dazu braucht man Glaube und Demut, sonst endet der Mensch in dieser grausamen Tiefe. Akasha ist auch dann bei ihm, um zu helfen und niemand soll sagen, jemand hat mich in diese Tiefe gebracht. Das erste Anzeichen von Demut ist die Eigenverschuldung zu erkennen. Und nur so ist es möglich, Gott wiederzufinden, denn nicht er hat sich abgewandt, vielmehr wir selbst. Tiefe Meditation hilft uns, damit wir uns befreien können. Nur dieser eine Weg hilft uns wieder ans Licht zu kommen, um da zu bleiben, damit wir uns weiter entwickeln können und Sieger in tiefster Demut sind.

26. Bekaro, mein strenger Lehrer!

Ich hatte schon einige Zonen der Erdsphäre durchreist, als ich in der Ferne einen rötlichen Stern sah. Durch die Bewusstseinsversetzung war ich sogleich am Ort. Eine würdevolle Stimme drang in mein Bewusstsein: „Ich habe Dich sehen wollen, daher erweckte ich Deine Neugierde."
Mein Spürsinn ging dahin, dass dieser Genius sehr scharfsinnig sein musste, denn wenn ich die Astralsphäre durchwanderte, ließ ich mich kaum ablenken. Aber dieser Genius hatte die Macht dazu. Später erfuhr ich dann, dass das meine Frau Ariane so arrangiert hatte! Er sprach mich mit meinem geistigen Namen an, das bedeutete, dass es eine wichtige Sache war. Bekaro nahm keine menschliche Gestalt an, aber seine Erscheinung war auch so recht angenehm. Er sprach: „Du bist ein Mensch ewiger Leidenschaften, gerade dadurch bist Du geeignet, Deine Gruppe zu leiten. Diese Leidenschaften sind sehr ausgeglichen im Aktiven und Passiven. Das bedeutet, dass es für Dich keine Ruhe gibt, bis in alle Ewigkeit."
Diese Erschütterung ging durch mich, weil ich niemals Ruhe finden werde. Bekaro las wohl meine Gedanken, um ruhevoll auf mich zu wirken. Dann sprach er weiter: „Sei froh und nutze Deinen Charakter, denn nur so kannst Du immer ins Grobstoffliche. Im Gegensatz zu Dir vertritt Ariane bewusst am besten die Werke des großen ARION. Bei unserem nächsten Treffen sehen wir uns irdisch, weil Du die Gesetze der Evokation sehr

vernachlässigst. Also bereite Dich vor, damit Du alle Rituale richtig tust. Du sollst mich anrufen, damit Du keine Fehler machst und wenn, so werde ich dennoch erscheinen, ohne Dir Vorwürfe zu machen. Wenn Du nicht klarkommen solltest, dann bitte Deine Zwillingsseele um Hilfe. Sie wird dir mit Rat und Tat zur Seite stehen. Bis bald", sagte er.

Ich war sehr froh, denn dies sollte meine erste Evokation eines hohen Wesens sein. Ich kehrte ins Stoffliche zurück mit einem sehr merkwürdigen Gefühl. Dann war der Tag gekommen, mein Geist nahm die Gottverbundenheit an, auch astral. Alles wurde wie vorgeschrieben getan. Sodann beschwor ich Bekaro. Im Dreieck spielte sich einiges ab. Tausende Farbpunkte schienen sich zusammenzuziehen, um ein sehr intensives Licht zu werden, welches ich als Astrallicht definierte. Ganz plötzlich stand Bekaro in menschlicher Gestalt vor mir. Eine große aktive Strahlung ließ mich erkennen, warum man sich bei Evokationen mit Seide zu bekleiden hatte. Auch ich trug eine Krone, die ich gemäß meiner Reife anfertigte. Nun passierte etwas Seltsames. Bekaro verneigte sich vor mir, machte eine Handbewegung der Verehrung. Er sprach: „Ich begrüße Dich mit allen Ehren, die Dir zustehen, es ist mir eine Ehre, mit Dir zu sprechen! In der Stadt Prag lebt eine Frau, welche viel Material besitzt, das von Meister Arion geschrieben ist. Deine Frau Ariane weiß darüber schon Bescheid. Wenn Du zu ihr kommst, so halte ihr einen Goldring mit drei kleinen Diamanten hin. Ich weiß, das Du so einen Ring besitzt. Sie wird das Geschenk nicht annehmen, aber er öffnet ihr Herz, welches nur schwer erreichbar ist. Bezahle sie gut, das wird Dir die Garantie geben, dass sie freigiebig wird. Ich werde Dir zwei Wesen zur Seite stellen, die Dich inspirieren und leiten."

Bekaro stand würdevoll und ruhig im Dreieck, seine Kleidung war rot und blau, sein Umhang war lila, das Ganze schien phosphorig zu leuchten. Sein Gesicht hatte feine Züge und seine Krone leuchtete aus Gold, es waren ein großer Rubin und ein anderer Edelstein, welchen ich auf Erden noch nie sah, eingearbeitet. Meine Geste des Dankes nahm er an. Alsdann wuchsen aus der Erde zwei Wesen, sie waren durchsichtig und nur mein geschultes Auge erkannte, dass sie sich neben den Kreis stellten. Auch von ihnen ging eine Ausstrahlung von großer Güte und Macht aus. Ich beredete mit Bekaro einige wichtige Sachen, wobei man immer wieder bemerken konnte, dass er auf Gerechtigkeit aufmerksam machte, da sonst viele Gefahren auf mich lauerten. Denn immerhin waren die Menschen dort kommunistisch und gerade an der Grenze konnte ich das Eingreifen der Wesen spüren, sodass ich unangetastet an den Grenzpolizisten vorbei kam. Nach diesem Gespräch bedankte ich mich bei Bekaro, um dann die Entlassungsgeste zu machen. Bekaro verschwand auf die gleiche Art, wie er kam, nur in umgekehrter Reihenfolge. Ich traf und treffe häufig mit diesem Wesen zusammen, das nach Angaben Bardons ein sehr weises Wesen ist. Er wird nur streng, wenn man eine Ungerechtigkeit tut, dann verlangt er sofort alles auszugleichen. Weigert man sich, so kann diese an sich liebe Intelligenz sehr überzeugende Dinge tun, die den Magier regelrecht zwingt, das Gleichgewicht wiederherzustellen. In dieser Beziehung versteht er keinen Spaß. Nun aber genug, denn wollte man Bekaro richtig beschreiben, betreffs seiner Weisheit, Scharfsinn, Elementearbeiten usw., müsste wenigstens ein sehr dickes Buch geschrieben werden. Seinen Werken sind fast keine Grenzen gesetzt, dadurch ist sein Wirkungskreis sehr groß!

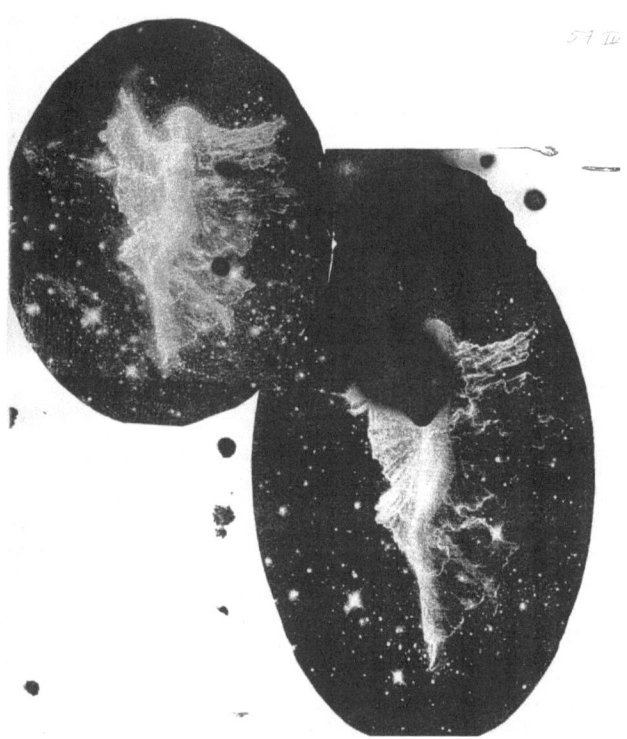

Hohe Intelligenz der Erdgürtelzone beim Voltieren.
(Von Bardon fotografiert).

60

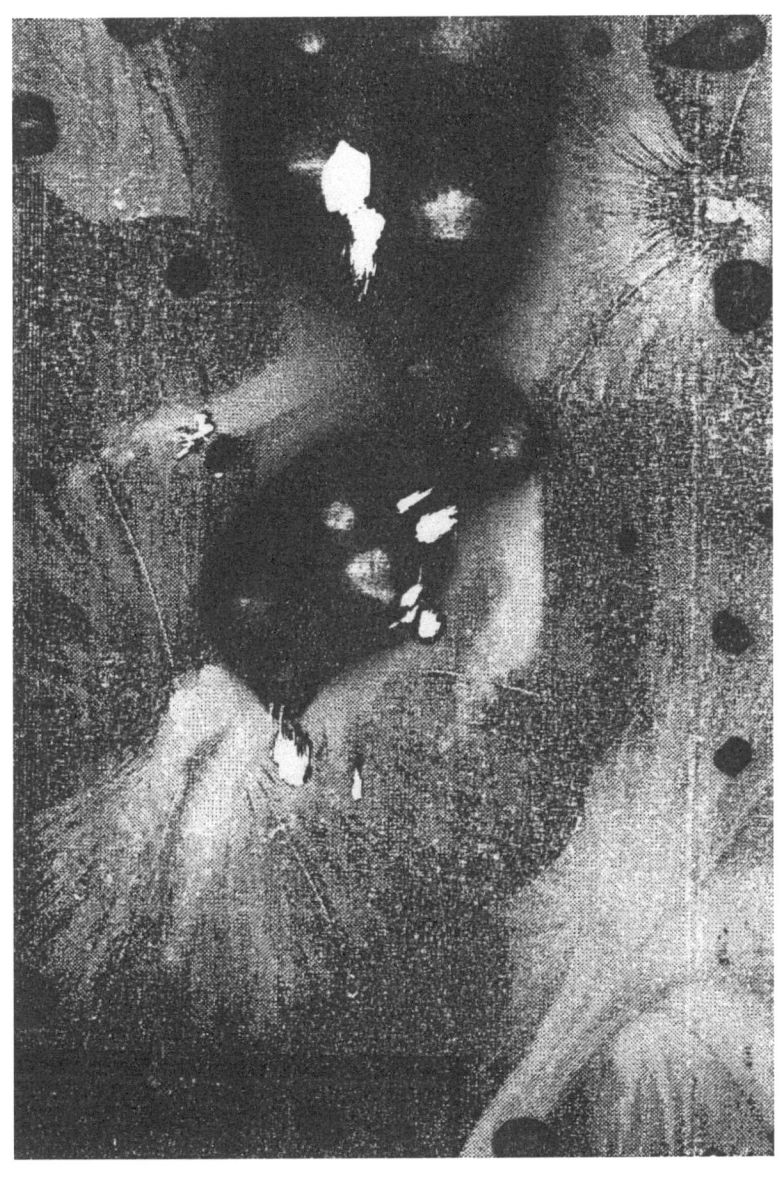

**Rückverwandlung eines Wesens. Sein Kraftfeld ist die wirkliche Form.
(Von Bardon fotografiert)**

27. Die Mondsphäre

Damals, als ich schon einige Zeit in der Erdgürtelzone wanderte, wusste ich zwar von den anderen Sphären, aber konnte mir diese nicht im Geringsten vorstellen. Schließlich ist die Erdgürtelzone unendlich, sie fängt im Gröbsten an, beinahe materiell noch tastbar und endet in einer unglaublichen Feinheit, die man nicht beschreiben kann, weil dies die sogenannte Gottessphäre ist. Auch hier von der gröbsten bis zur feinsten göttlichen Schwingung. Wollte man die Erdgürtelzone nach irdischem Maße betrachten, so ist ihre Räumlichkeit Milliarden von Lichtjahren groß, also unvorstellbar. Man findet in dieser Ebene Dichtigkeitsgrade, die schwach bevölkert, andere, vor allem im unteren Bereich, die stark bevölkert sind. Wie kann man sich also etwas vorstellen, was anders strukturiert wäre? Und so hielt ich mich an ein untergeordnetes Wesen (Genius). Dieser erklärte mir, dass in der Mondzone ganz andere Gesetze herrschen, als in der Erdgürtelzone und die Mondsphäre gewissermaßen identisch ist mit unserem Astralkörper. Aus diesem Grund ist die Astralmatrize silbern, wie der Mond des Nachts scheint. Wir erkennen hier die Negativität des Stofflichen. Dies ist die stoffliche Auswirkung des Mondtrabanten. Die Mondsphäre hingegen ist sehr schwer zu beschreiben. Franz Bardon schreibt opalisierend, ich aber sah ein Farbspektrum, welches dem Opal ähnlich ist, nur das magnetische Licht ist äußerst hell und schwierig zu imaginieren. In der Astralebene imprägnierte ich meinen Mentalkörper so gut ich konnte, dennoch spürte ich, dass ich die richtige Farbzusammenstellung nicht hinbekam. Ein Genius im Range eines Lords half mir, den Mentalkörper in die richtige Farbschwingung zu bringen. Dann begann ich mich langsam zu drehen und stieg langsam hoch, bis um mich herum nur noch die angegebene Farbe war. Den stofflichen Mond sah ich nur sehr schwach und ich spürte eine Lähmung des Geistes. Mein Lord, der mich begleitete, sprach von einer natürlichen Begebenheit. Der Magier soll daraus lernen, wie allein schon seine Seele den Geist bindet. Es kam mir wie eine Ewigkeit vor, bis ich überhaupt fähig wurde, irgendeinen Gedanken hervorzubringen. Das liegt daran, dass die Elemente und das Akasha in der Mondsphäre eine Struktur haben, die dem Geist fast unerträglich ist. Erst jetzt konnte ich begreifen, wie schmerzhaft es für die ersten Menschen war, einen Astralkörper zu bekommen und nur noch die Widerspiegelung des unsterblichen Geistes im Astralkörper zu finden.

Gleichzeitig spürte ich, dass das Leben und der Tod sehr stark von der Mondsphäre beeinflusst werden. Im Gegensatz zur Sonne, die ja die Mentalmatrize aufrechterhält, dachte ich, es könnte nicht schlimmer kommen, als hier in der Mondebene. Mein geistiger Freund korrigierte mich aber sofort, dass meine Gedanken noch nicht recht bei Bewusstsein waren. In der Mondsphäre gibt es auch natürlich grobe und feinere Schwingungen, ähnlich der Erdgürtelzone. Ich befand mich nun in der gröbsten Schwingung, welches für mich ein Vorteil war, denn die feineren Schwingungen hätte selbst mein Mentalkörper nicht aushalten können. Mein Geist begann nun etwas besser zu arbeiten und mein Resultat war, dass man mindestens 10-mal in die Mondebene muss, um mit einer höheren Intelligenz in Kontakt treten zu können. Meine mentalen Augen arbeiteten nun auch gut genug, dass ich Feinheiten erkennen konnte. Ich sah männliche und weibliche Mondwesen, die dem Aussehen der Menschen sehr glichen. Auch die Gesichtszüge waren genauso wie bei uns Menschen. Es gibt auch wunderschöne weibliche Mondwesen wie Iluae, der keine irdische Frau das Wasser reichen kann! Hüte Dich, o Magier, damit Du ihr nicht verfällst! Mein Lord Urael machte mich glücklicherweise für diese Wesen unsichtbar und ich erkannte, wie wertvoll diese Maßnahme für mich war. Die Bildersprache ist zwar universell und für alle Sphären gleich, aber mein Geist wäre nicht fähig gewesen, zu diesem Zeitpunkt irgendein Gespräch zu führen. Zu meiner Verwunderung sah ich ein sehr schönes Wesen vorbeistreifen und mein Führer sagte mir, dass dies ein menschlicher Magier war, der routinemäßig die Mondebene bereiste und deswegen verschwand er gleich in den feineren Schwingungen der Mondsphäre. Was für mich zu der Zeit noch unmöglich erschien, war für diesen Geist Routine. Nun war ich mental zu erschöpft, um in dieser Ebene länger zu bleiben. In umgekehrter Reihenfolge begab ich mich zurück in die Erdgürtelzone, die mir plötzlich als Heimat vorkam und die Elemente meinen Geist sehr schnell belebten. Ich bedankte mich bei dem Führer, ohne den ich die Mondebene wohl erst nach Jahren erreicht hätte. Gottes Größe ist unfassbar, dies lehrte mich der erste Aufenthalt in der Mondebene.

28. Egoismus

Je mehr man weiß, umso mehr Fragen hat man, das muss wohl ein Gesetz der Menschen sein. Bei mir ist es so, obwohl ich mich dieser Eigenschaft hin und wieder schäme. In mir kam die Frage auf: **„Wie bedeutsam und wertvoll ist mein Leben?"** Da mich Antworten der Welt nicht direkt befriedigen, bat ich meinen Schutzgeist. Dieser war sogleich für mich sichtbar und begegnete mir mit den Worten: „Dies ist keine intelligente Frage!"

Das war wieder ein Moment der Scham! Aber mein lieber Schutzgeist antwortete auf seine Art. Wir erhoben uns schnell, bis die Erde eine kleine blaue Perle war.

„Nun überlege und meditiere!"

Im Ansehen war das Kleinod sehr schön. Aber wo waren die Menschen, sie waren ja viel zu klein, als dass ich sie sehen konnte! Wo war meine „ehrwürdige" Person? In der Vergangenheit lebten meine Vorväter, große Helden oder Herrscher. Von all dem war nichts zu sehen! Auch kein Weinen oder Lachen, wo sind die Gequälten, wo die Strebsamen? Alles blieb unsichtbar! Nur die herrlich blaue Perle war da. Mein Schutzgeist unterbrach meine Meditation mit der Frage: **„Was siehst Du?"**

„Ich sehe nichts!"

„Wo sind die bedeutsamen Dinge? Wo bist Du mit Deinen Sorgen und Streben? Kannst Du Dich sehen? Alle großen Taten sind nicht zu sehen, weder Deine noch die von anderen Personen. Und so sieht Dich auch Gott!"

Das war ein Schlag in den Magen, dort wo alles zum Nichts wird, selbst die größten Taten der größten Menschengeister! Mir wurde immer unbehaglicher, weil dies ja der manifestierte Atheismus war. Mein Schutzgeist klärte mich weiter auf:

„In Deiner Frage liegt in der Tat der größte Unglaube! Es hätte ein besseres Bild auftauchen können, wenn Du Dein Ich nicht in den Mittelpunkt gestellt und wenn Du nicht nur materiell gefragt hättest!"

Trotz des sehr negativen Ausganges war diese Belehrung meines Schutzgeistes sehr zufriedenstellend. Denn auf diese Weise erkannte mein Geist, dass alles was Ich-Bezogen war, nichts taugte, selbst mein Glaube schwang ja auf gleicher Ebene und wurde zum nichtigen Egoismus herabgezogen. Niedergeschlagen erkannte ich ein neues Universalgesetz.

Demzufolge formulierte ich meine Frage anders:

„Wie kann ich Gott gerecht werden, wie kann ich der Vorsehung mit meiner Nichtigkeit gerecht werden?"

Sofort änderte sich das Bild, alle Planeten kamen hervor und alle waren miteinander verbunden. In größter Harmonie sah ich Menschen nebst Geister, die alle nur eine Richtung hatten, zur göttlichen Vorsehung und da selbst sah ich mich, sehr klein, fast unbedeutsam, aber mit einem Siegel auf der Stirn, mein wirkliches ICH.

Der Schutzgeist sagte dazu: **„Nun hast Du begriffen, worauf es im Leben eines Magiers ankommt, wo man wirklich ist."** Er betrachtete mich liebevoll, ich spürte seine wirkliche Reife.

„Oft mache ich Dir Dein Leben schwer, nicht wahr?"

Er antwortete zögerlich: **„Ja, so ist es, aber dafür bin ich da! Halte Dich mit den Fähigkeiten etwas bedeckter, nur wenn es nicht anders geht, darfst Du ungehemmt arbeiten. Dies wäre mein Wunsch!"**

Ich verneigte mich tief, um mich für alles zu bedanken und seine Führung als sehr gut zu betrachten. Immer wollte ich gehorsam sein, als geringen Dank für ihn. Ich saß wieder auf meinem Stuhl im magisch eingerichteten Zimmer. Wie sehr musste man die Gedanken kontrollieren, wie wach musste der Geist sein, um nicht allzu unvorsichtig zu sein! Denn zur Weiterentwicklung war dies unerlässlich!

29. Im Bereich des Dämons

Zugegeben, ich hatte vor einigen Jahrhunderten Verbindung zu einem ziemlich hohem Dämon, was für mein irdisches Leben viele Vorteile hatte. Ich arbeitete mit einem Medium auf sexual-magischer Basis. Anders ist ein Beschwören der Dämonen auf dem linken Pfad nicht möglich. Die Abhängigkeit wurde immer stärker, bis das, was man einen Pakt nennt, ablief. Meine Gedanken gingen dahin, dass der Dämon auch von der Vorsehung geschaffen wurde und irgendwie mit ihr im Einklang stand. Ich vermutete zwar richtig, aber für einen Menschen ist dieser Weg nicht richtig. Der Mensch ist viel göttlicher, als es ein Dämon des höchsten Ranges nur sein kann. Dazu später mehr.

Nun, mein Geist samt Astralkörper fand sich plötzlich im Astralreich des Dämons wieder. Ich hatte das Gefühl, mich in einem Alptraum zu befinden.

Es roch nach Schwefel, ein glänzendes Licht mit Zacken war zu sehen. Mir war sehr schlecht zumute. Nun war ich Diener dieses Wesens, welches beim Menschen die schlimmsten Krankheiten hervorrief und vieles mehr. Ich sollte für Letzteres zuständig werden. Und er sprach: **„Ich nehme Dir Dein Gewissen, denn ich bin Dein Gott, dann lass ich Dir etwas Zeit, um Dich an meine Sphäre zu gewöhnen. Mein Einfluss wird es Dir erleichtern. Nur ein Gesetz gilt schon jetzt für Dich, Deinen Namen darfst Du niemandem sagen. So wirst Du in der Zeit, in der Du mir dienst, GANUS heißen."**

Das Licht verschwand, nur zwei weibliche Wesen blieben bei mir, um zu erklären, wie ihr Gott arbeitet. Eine sagte: **„Wenn Karma einen Menschen belehren soll, so wird unser Meister oder wir sofort und schnell diesen Menschen krank werden lassen, wenn es sein soll bis zum Tod. Andererseits haben wir eine gewisse Freiheit, bei den Menschen, die sehr unausgeglichen sind, können wir gleich einschreiten."**

Es dauerte nicht lange, bis ich mich wohlfühlte. Nun kam mein Meister, fast väterlich, um mich in einige Praktiken einzuweihen. Alles war recht seltsam, denn diese Arbeit begann mir Spaß zu machen. Mein Herr und Meister honorierte meine Arbeit, sodass ich aufstieg, um höhere Einweihungen zu bekommen. Nach 70 Erdenjahren wurde ich Lord Ganus, was zur Folge hatte, dass ich mehr als 200 Untergebene bekam. Nach einer gewissen Zeit begann ich mit Hilfe von Symbolen und Runen zu lernen, wie alle Krankheiten zu Stande kamen. Ich hatte ja mehr Zeit.

Nun gab es Zeiten, in denen mich das Gewissen arg schmerzte, um mich zu zwingen, meinen menschlichen Geist neu zu erkennen. Ich beruhigte mein Gewissen damit, dass ich in dieser Sphäre durch Umdrehung bestimmter Praktiken auch heilen konnte.

Mein Meister kam zu mir, um zu sagen, dass meine Zeit bei ihm beendet sei, er wäre aber hocherfreut, wenn ich bei ihm bliebe und er mich zu einem Fürsten machen dürfte, mit 1000 Untergeordneten. Gerne wäre ich darauf eingegangen, um noch mehr zu lernen, aber ich spürte, dass ich dann meine Menschlichkeit verlieren würde. Dieser Preis war zu hoch, nebst einem Verstoß der Vorsehung. Der, welcher mein Herr war, las die Gedanken und es schien mir, dass er mich ungern entließ. Er sprach: **„Wenn Du bei mir bleibst, will ich Dich so erhöhen, dass Deine Macht ins Unermessliche steigt!"**

Meine Antwort war wie folgt: **„Du hast mir gedient, ich habe so gut es** ging, Dir gedient, aber unser Vertrag ist abgelaufen. So wie Du mich in Deine Sphäre holtest, ruft mich der wirkliche Gott jetzt zurück. Du kannst nichts dagegen tun!"

Ich verbeugte mich ein letztes Mal, wobei mein Körper in die Höhe stieg. Eine Freiheit kam in mir auf, die ich fast vergessen hatte. Als Erstes sah ich meinen Schutzgeist, der mich mit Tränen in den Augen empfing wie einen Sohn, der sich verlaufen hatte. Er sagte nichts, keinen Vorwurf oder eine Belehrung. Ich war ganz still, um zu genießen ein Mensch sein zu dürfen. Ich sprach zuerst, obwohl mein Geist noch benommen war: „**Ich werde heilen, wo immer Gott es zulässt, denn das habe ich gelernt. Ich bitte Dich, bereite mir eine Verkörperung vor, wo meine Entwicklung wieder weitergeht, wo mein Charakter sich stärkt.**"

Mein Schutzgeist stimmte zu, sprach aber von einer schweren Verkörperung in Indien, wo ich den Weg des Yogas gehen sollte, um alle menschlichen Werte neu zu erkennen.

In der indischen Verkörperung hatte ich einen strengen Lehrer des Yoga. Damals begann ich viele Menschen zu heilen, ganz zum Unglück meines Dämons. Deswegen spüre ich seinen Hass noch heute. Diese Gabe des Heilens besitze ich noch. Sie wird mich niemals verlassen. Und sollte ich einst auf dem Sterbebett liegen, so mögen noch Kranke kommen, denn ich werde bis dahin heilen, bis der Körper die Augen schließt! Das geschieht dadurch, dass ich Lord geblieben bin, allerdings genau umgekehrt als im dämonischen Sinne.

30. Ufologie

Wenn man mich fragt: Gibt es Ufos?, so sage ich: Aber selbstverständlich! Gut geht es für mich aus, wenn keine weiteren Fragen kommen, denn die Sache ist ein wenig kompliziert. Wir müssen uns einmal die Größe unseres Weltalls vorstellen, galaktisch oder sogar intergalaktisch, so dass wir nur noch von Lichtjahren sprechen können, wenn wir eine Geschwindig-keitseinheit in Betracht ziehen. Außerdem stellt sich die Frage: Warum nehmen diese Wesen keinen richtigen Kontakt zu den Menschen auf, obwohl jährlich über 1000 Ufos beobachtet werden, wovon vielleicht ein Zehntel wirklich Ufos sind. Ich möchte endgültig aufräumen mit den großen Missverständnissen und werde daher den Vorgang Ufo vom hermetischen Standpunkt aus erklären. Millionen von Lichtjahren lassen sich nicht mit irgendeinem Raumschiff bewältigen, welches an Zeit und Raum gebunden ist, vielmehr ist es so, dass im ganzen Universum evolutionsmäßig Leben gedeiht. Man kann auf den entferntesten Planeten eine überaus entwickelte „Menschenrasse" entdecken. Auch sie haben die Magie als höchstes universales Gesetz, somit haben sie es nicht nötig, etwa Raumschiffe zu bauen, sondern die höherentwickelten Wesen werden zeit- und raumlos, also mental uns besuchen, indem sie den Mentalkörper von ihrem Stofflichen trennen. Meistens tun sich mehrere Eingeweihte zusammen und benutzen die Lebenskraft, um ihren Mentalkörper zu schützen und somit brauchen sie sich nur noch zum Planeten Erde wünschen und hundert Millionen Lichtjahre werden in einem Augenblick überwunden. Deshalb sehen wir meist helle oder farblich helle Objekte. Diese Wesen landen durchaus auf der Erde und erforschen sie soweit, wie sie wollen. Was ist aber mit der Kontaktaufnahme?

1. Sie sind nur mental vorhanden, also dem menschlichen Auge unsichtbar.
2. Sie müssten sich unserer Gestalt anpassen, damit man sie mental sehen kann. So ähnlich wie wir die Gestalt von Elementewesen annehmen müssen, damit sie uns erkennen können, müssten diese Wesen ebenfalls unsere Gestalt annehmen. Das tun sie teilweise, wenn sie merken, dass ein höher entwickelter Mensch (Magier) bereit ist, mit ihnen zu sprechen. Sprache ist ja im ganzen Universum mental gleich. Und so erfahren diese Wesen vom Leben auf dieser Erde.

Das, was wir als Ufo sehen, ist lediglich der schützende Lebenskraftraum. Dass sie so schnell hin- und herfliegen können, bestätigt meine Aussage. In Wirklichkeit fliegen sie noch schneller, nur unser Auge ist nicht fähig diese Geschwindigkeit aufzunehmen. Macht das sogenannte Ufo Sprünge von etwa 10 Kilometern, so dauert es in Wirklichkeit auch nur einen Augenblick.

Wir werden in der Tat von verschiedenen Rassen des Universums besucht, aber der Vorgang ist bei allen gleich. Im ganzen Universum gibt es Moral und Unmoral, aber Akasha selbst sorgt dafür, dass nicht irgendein Schaden angerichtet wird. Auch diese Wesen müssen sich den kosmischen Gesetzen anpassen, um sich selbst nicht ins Verderben zu stürzen. Auf den meisten Planeten ist die Entwicklung viel weiter, als auf unserer Erde, und so wäre es recht interessant, sich mental mit einem solchen Wesen zu unterhalten, um die Fremdartigkeit derer Gesetze und Kulturen zu erkennen. Für uns Menschen würde sich das sehr abstrakt widerspiegeln und es ist sehr schwer, das in Gedanken nachzuvollziehen, was sie uns da preisgeben würden. Letztlich sind diese Wesen auch mit den gleichen Gesetzen an ihre Welten gebunden, wie wir mit der Erde und der Erdgürtelzone verbunden sind. Und deswegen wird man nie ein solches Wesen grobstofflich sehen können, weil sie den astralen und stofflichen Körper auf ihrem Planeten zurücklassen müssen. Ich denke, dass dies nun eine endgültige Erklärung für Ufos und Außerirdische ergibt! Schauen wir uns die Größen wie Franz Bardon und andere Eingeweihte an, so haben auch diese bereits andere Welten besucht und brauchbare Erfahrungen gesammelt.

*

Zusatz: Die Lichtgeschwindigkeit beträgt ca. 300.000 Kilometer in der Sekunde und dies ist eine Schwingungszahl, in der sich alles Grobstoffliche auflöst. Diese Zeit- und Maßeinheit wurde den Wesen im ganzen Kosmos gegeben, damit sie nicht stoffliche Dinge in Regionen bringen, die astralisch sind. Es wäre also vollkommen sinnlos an Raumschiffe zu glauben, die mit Überlichtgeschwindigkeit fliegen könnten, denn dies würde ein Universalgesetz des stofflichen Universums verletzen. Lassen wir allen Ufologen ihren Glauben, denn er gibt ihnen Sicherheit und so wie wir an Gott glauben, glauben diese an ihre Ufos und deren Insassen.

31. Ein Brief eines Schülers und meine Antwort

Lieber Anion,

auch wenn ich mich nicht mehr bei Dir gemeldet habe, so heißt das nicht, dass ich Dich vergessen habe. Ich hoffe, Dir und Deiner Familie geht es gut und ich wünsche Euch alles Erdenkliche und Liebe.
Ich habe sehr häufig an Dich und meinen Kurzbesuch in Castrop-Rauxel gedacht, es war und ist sehr wichtig für mich und wahrscheinlich für viele andere auch, dass Du das tust, was Du tust.
Sehr viel habe ich mit Kaja und Sven geredet und sehr viel habe ich in letzter Zeit auch erlebt. Alles ändert sich so schnell. Ich hatte noch eine Ausstellung im Sommer vergangenen Jahres, für knapp fünf Monate probierte ich einen erneuten Anlauf in meinem Beruf als Krankenpfleger in

Heidelberg, danach reiste ich zusammen mit meiner Freundin S. nach Indien. In Indien hatte ich eine wunderbare Gotteserfahrung, die mir unbeschreiblich viel Auftrieb, Mut und Motivation gab. Wie Du weißt, lieber Anion, ist es nicht einfach zu üben und gegen das Ich vorzugehen. Es ist leichter tausend Schlachten zu gewinnen, als seine Gedanken zu beherrschen. In diesen Momenten denke ich auch an Deine Worte und ziehe einfach durch. Es wäre müßig, Dir von meinen Problemen zu berichten, Du hast wesentlich Wichtigeres zu tun und die Tatsache, dass es Dich gibt, ist für uns Übende sehr wichtig! Oft spreche ich mit Kaja und Sven über Dich. Ich bereite mich für die Heilpraktikerprüfung vor, im Sommer 95 ist eine Amtsarztprüfung. Etwas Großes und Mächtiges treibt mich schon sehr lange. Mein letzter Krankenhauseinsatz war eine schmerzliche Erfahrung, mein Verlangen nach Gesundung und Menschlichkeit ist längst nicht mehr in Krankenhäusern zu finden. Ich bin erschrocken von der Profitgier, von der Vermaßung, der Entmenschlichung. Ich habe arge Magen- und Darmprobleme bekommen, bzw. die Problematik, die immer latent vorhanden war, äußert sich schmerzhaft. Ich habe das Rauchen sein gelassen und auf Exzesse verzichtet. In letzter Zeit konzentriere ich mich nur noch auf die Introspektion und die Gedankenstille. Meiner Meinung nach reicht mir das völlig, und ich habe damit wahrlich alle Hände voll zu tun. In Heidelberg war es sehr schwierig zu üben, meine Kontrolle verlor sich, was sich dann in der körperlichen Symptomatik zeigte. Sagtest Du nicht, ich würde es schwer haben? Ich stelle mir als Hobbyphilosoph und Suchender so oft die Frage: WARUM? Ziehe Vergleiche, habe dann meinen Neid zu kontrollieren. Vielleicht löst auch das Älterwerden diese Fragen. Vielleicht ist es auch gut so, wie es ist. Oft wünsche ich, Herr Bardon wäre hier und würde etwas sagen, mich leiten, mir auf die Finger klopfen usw. Oft ist es für mich nicht vorstellbar, dass es so eine Verkörperung gab; die alten Zweifel. Ich denke auch, dass ich vielleicht so langsam das verstehe, was ich gerade mache. Der Gedanke an Evokationen, geladene Mantrams – kurz gesagt die hohe Magie macht mich eher unruhig, weil vielleicht die Vernunft etwas völlig anderes propagiert. An mir bemerke ich natürlich einige verborgene Fähigkeiten, die jeder Mensch hat, die langsam zu Tage treten. Es bleibt eine fortwährende Gratwanderung, die Gefahr abzuklinken und der Illusion nachzuhängen, etwas Besonderes zu sein, liegt nahe. Die Hermetik ist ein Hobby. Manchmal ist es so schwierig einzusehen, dass ich die einfachsten Dinge einfach übersehe. Wie Du weißt, war ich in einem dunklem Loch.

Ab wann kann ich davon überzeugt sein, dass ich die Übungen „richtig betreibe". Ich wehre mich auch gegen dieses Mechanische, Auferzwungene – es bringt dann eh nichts. Kann ich überhaupt richtig üben, wenn ich die theoretische Einleitung noch gar nicht verinnerlicht habe; noch gar nicht verinnerlichen kann? Was in kurzen Worten erläutert wird, bedarf ja immer wieder der praktischen Umsetzung. Ich bemerke, wie sehr ich mich verändert habe und freue mich auf die Veränderungen, die da noch kommen werden; es ist gar nicht mehr witzig, wenn ein durch viele Faktoren zusammengetragenes Weltbild nach und nach zerbröselt. Die Gewissheit, dem Licht dadurch immer näherzukommen, ist wohl der Glaube. Ich würde mich sehr freuen, wenn Du Zeit finden würdest, mir zu schreiben.

Alles Gute auf Deinem Weg.

. . .

Liebe Leser, ich möchte es nicht versäumen, einmal einen Brief zu veröffentlichen, weil er in seiner Struktur vielen anderen Briefen ähnelt. Meine Antworten sind meistens sehr hart und sollen einen weckenden Mechanismus betätigen. Deswegen lautet meine Antwort wie folgt:

Lieber . . . ,

es freut mich außerordentlich, dass Du in Indien ein sehr schönes Gotteserlebnis hattest, nach dem „Wie" und „Warum" möchte ich nicht fragen.
Es fällt mir schwer, wenn ich derlei Erlebnisse habe zu denken, der Weg wäre schwer oder tausend Schlachten sind eher zu gewinnen, als einen Gedanken zu beherrschen. Es ist dann bei mir ganz anders. Ich fühle mich getragen von dem Erlebnis und nichts ist mir schwer. Mir fällt es dann eher schwer, schlechte Gedanken zu haben oder abbauend zu wirken. Wir haben unseren Geist von Gott und sollen ihn zu einem heiligen Geist machen! Das ist unsere Aufgabe! Nicht etwa zu warten, geschieht etwas oder geschieht nichts. Jeder Gedanke meldet sich an und durch die Übung der Gedankenkontrolle wissen wir im Vorhinein, wohin derselbe wohl führen mag. Man darf mit dem Gedanken nicht kämpfen, weil man dann immer Verlierer ist. Abbauende Gedanken lassen wir einfach durch uns durch oder schicken, bevor sie sich realisieren, fort. Fürwahr, das ist keine Schlacht,

71

sondern für den Geübten ein Kinderspiel.

Anders mag es in der Seele aussehen, die Freude zeigt, wenn sie einen zerstörerischen Gedanken aufnehmen darf, um ihn dann zu verstofflichen.

Es sind also keine Probleme des Geistes, eher sollte man den Fehler im Bereich des sogenannten Seelenspiegels suchen. Ich habe das Gefühl, Du läufst fort, in großer Angst von irgendetwas getrieben. Dein Problem ist Dein Charakter.

Du siehst also, wesentlich kannst Du mich mit Problemen nicht aufhalten.

Menschlichkeit ist auf dieser Welt schwer zu finden, am besten ist es, man wird erst selbst menschlich, weil man später sonst nicht magisch werden kann. Im Übrigen sind selbst Profitgier und Entmenschlichung im eigentlichen Sinne rein, denn was wäre sonst Menschlichkeit und Freigiebigkeit? Du bist ein eigenständiges Wesen, reinige erst vor der eigenen Tür, bevor Du den Schmutz an anderen Türen beanstandest. Dass Du krank geworden bist, liegt vielleicht in dieser Tatsache verborgen.

Introspektion und Gedankenstille sind bloße Vorübungen, und wenn Du die Hoffnung in Dir trägst, Dich zu entwickeln, solltest Du wesentlich mehr tun. Stell Dir einen Sportler vor, der pro Tag vielleicht nicht eine Stunde trainiert und dann zur Weltmeisterschaft antritt. Du bist schon vor dem Start des Wettkampfes der Verlierer. Ich habe Dir damals gesagt, dass Du es schwer hast und stelle den Vergleich. Du hältst eine Schrift vor dem Spiegel und kannst sie dann nicht lesen. Der direkte Weg führt zum Verständnis, Verständnis führt zur Übung und Übung führt zur Weisheit.

Wie soll ich Dir aber sagen: „Lies nicht seitenverkehrt!" Weil Du es ein ganzes Leben getan hast, kennst Du den Unterschied nicht. Dein Wunsch, dass Herr Bardon noch da wäre, steht nicht zur Debatte, denn letztlich denkst Du, dass Du dadurch eine Erleichterung hättest und somit Dein Weg kürzer wäre. Auch hierin siehst Du den Selbstbetrug. Deine Entwicklung ist etwas sehr Kostbares, welche man nicht durch Tricks, Drehungen oder Kniebeugen erreicht. Du wirst auf Gott vertrauen. Was er Dir gibt, ist immer Geschenk, sei es gut oder schlecht.

Ich bitte darum, Milan K.´s Worte, dass die Magie ein Hobby wäre, nicht so ernst zu nehmen. Ein Hobby führt nämlich nicht zur Vollkommenheit, man muss sich da schon etwas Besseres einfallen lassen.

Nicht etwa Du siehst die einfachen Dinge nicht, sondern die einfachsten Dinge sehen Dich nicht. Warum das so ist? Hat ein einfaches Ding Augen oder Ohren oder ist es etwa sehr intelligent? Also auch das lasse ich nicht gelten.

Der Unterschied zwischen Mensch und Magier besteht darin, dass Letzterer sich immer bewusst ist.

Das ist natürlich eine Sache, die man nicht in Wochen oder Monaten erreichen kann. Alle Dinge der Magie und Mystik sind hohe Dinge und so wie das materielle Gold wertvoll ist, um wie viel wertvoller ist dann das Geistige?

Du schreibst mir, dass gewisse Mechaniken der Übungen aufgezwungen sind. Bedenke, was MECHANIK ist. Mechanik ist Ordnung und Ordnung lässt überblicken. Ja, ich gehe so weit, dass es ohne Mechanik kein Leben gäbe, denn: Warum atmest Du nachts? Warum schlägt Dein Herz, obwohl Du nicht daran denkst? Weshalb kannst Du gehen? Und um etwas höher zu kommen: Warum kannst Du denken?

Ich sage Dir, das alles ist Mechanik, ohne die Du keine Sekunde leben könntest. Ich frage Dich, wo ist Dein Problem, wenn Du keine Mechanik magst?

Zu Deinem Weltbild habe ich zu sagen: Es wird sich immer wieder selbst vernichten, solange Du gewisse universelle Dinge nicht beachtest.

Schau in den Sternenhimmel und siehe die Harmonie, und wenn Du Dein Gotteserlebnis noch mit hinzuziehst, so frage ich Dich: Wie kann überhaupt etwas zunichte gehen?

Ich wünsche Dir, dass es Dir gelingt, Dinge wahrzunehmen, die Dir möglicherweise nicht gefallen, aber deren Wahrheiten unbestreitbar sind. Bitte lese diese Zeilen nicht nur als Mensch, denn dann würden sie sehr hart klingen. Lies sie besser mit Liebe, denn aus dieser Macht heraus ist dieser Brief entstanden.

Gottes Segen in allen Bereichen wünscht Dir,

Anion

32. Außerkosmische Planeten

URANUS

Der Uranus ist viel größer als die Erde. Er gibt mehr Eigenwärme ab, als er von der Sonne bekommt. Es herrschen eisige Stürme und nur die Astralebene des Uranus ist von größter Wichtigkeit. Es gibt 48

Urintelligenzen, die so mächtig sind, dass sie nur abstrakt erklärbar wären. Nach der Schöpfung legte Metatron die gesamte Quabbalah diesen Wesen in die Hand; nicht zu Unrecht wird gesagt, Uranus steht für die kosmische Sprache. Noch ein anderes Geheimnis steht dem Uranus zu: Er ist die höhere Oktave, also Schwingung, vom Merkur. Man kann also Rückschlüsse auf unseren Mentalkörper finden. Er ist dann ein „Übergeist" und in der Regel arbeitet man hauptsächlich makrokosmisch als schöpferische Gottheit. Man ähnelt schon dem Metatron und nur kleine Dinge sind noch unterschiedlich. Der Leser selbst bemerkt die abstrakten Ideen, deshalb möchte ich hier nichts weiter schreiben! Man beherrscht alle 78 Tarotkarten.

NEPTUN

Diesen Planeten ließ Bardon ganz aus. Er hatte gute Gründe dafür. Neptun ist die höhere Oktave der Venus. Selbst die geringeren Wesen haben eine größere Anziehungskraft als die der Venus. Das bedeutet, dass die weiblichen Genien von göttlicher Schönheit sind. Ist man dieser Ebene nicht gewachsen, so kann sie einem hohen Magier zur Gefahr werden. Man stelle sich vor: GÖTTLICH SCHÖN, dieses kann man mit der größten Fantasie nicht in ein Bild bekommen. Neptun ist die manifestierte Verführung, wobei selbst Venus erblasst. Hier finden sich einige hohe Magier, die ihre Entwicklung aufgaben. Schon fast Gott – herabgezogen in die Sinnlichkeit. Beherrscht man Neptun, so ist das eine große magisch-göttliche, also theurgische Kraft, die man bekommt und so die über-menschliche, also göttliche Liebe beherrscht. Ich werde von keinem Planeten Siegelzeichen aufzeichnen, obwohl alle in meinem Besitz sind. Man stelle sich das Bildnis Neptuns vor, der immer einen Dreizack als Zeichen der Herrschaft über des göttlichen Wasserelementes trägt!

PLUTO

Über ihn sollte ich nicht schreiben, aber Karma wird mir verzeihen. Pluto wird in der griechischen Mythologie als teuflisch angesehen. Dieses Bild entspricht der Wahrheit. Er gilt als Zerstörer allen Lebens. Kosmisch gesehen ist es auch der Planet, der der Sonne in der Rangordnung am weitesten entfernt ist. Er ist somit der Gegner der Sonne. Glücklicherweise ist der Einfluss des Pluto in der jetzigen Zeit nicht vorhanden, auch wenn er die Neptunbahn schneidet. Die astralen Wesen sind allesamt dämonisch. Selbst die positiven Wesen stellen, wie beim Mars, eine Gefahr dar, nur noch 1000-mal stärker. Das Reich des Pluto zu betreten, würde sogar die mentale Auslöschung bedeuten, wenn man vorher nicht die Sphäre des Uranus beherrschen würde, um sich durch höchste Formeln zu schützen. Pluto und Sonne werden in sehr ferner Zukunft direkt gegeneinander streiten. Die Sonne wird siegen, weil sie nicht nur stofflich groß und robust ist, sondern sie ist Akasha, der Metatron, der den großen Rivalen „schluckt"! Es ist aber vollkommen unnötig, dies zu wissen. Warum ich das weiß, liegt daran, dass in der Mentalebene alles erschaubar ist, außerdem hilft hin und wieder eine Urintelligenz.

33. Der Schutzgeist

Es gibt zwei verschiedene Arten von Schutzgeistern. Einmal Genien, die nie verkörpert waren, und andere sind fortgeschrittene menschliche Geister. Der normale Mensch wird von Ungeborenen geschützt. Anders ist es bei hermetischen Schülern, sie werden von Anfang der Entwicklung bis zu ihrer Vollkommenheit von ein und demselben geführt. Das setzt natürlich voraus, das dieser Schutzgeist hoch entwickelt ist, ja, er ist Magier von gewissem Rang, der nicht niedrig ist. Sein Schützling wird durch Intuition oder Inspiration stets gewarnt, wenn er dem angehenden Magier schützen soll. Er greift bei Lebensgefahr direkt stofflich ein, was ein gewisses Können voraussetzt. Der Schutzgeist begleitet seinen Schützling durch mehrere Inkarnationen, was dazu führt, seinen Helfer zu lieben wie einen Vater. Leider vergisst man ihn, wie alles bei der Geburt. Bei der ersten magischen Begegnung erkennt man ihn sofort und meistens geht es nicht ohne Freudentränen ab. Instinktiv merkt der angehende Magier, wie viel dieses Wesen für ihn getan hat und noch tun wird. Niemals schuldet der Schützling etwas außer Gehorsam. Bei Mentalwanderungen, wenn der Kontakt sehr intensiv ist, übernimmt der Schutzgeist sogar Einweihungen, die für den Magier sehr wichtig sind. Abhängig kann man nicht werden, weil er nur von Zeit zu Zeit für den Schützling da ist. Letztlich liegt es an dem Schutzgeist, wie schnell man sich entwickelt. Außerdem wird er bis zur Sonnenebene bei uns bleiben, das lässt Schlüsse auf die Größe dieses Geistes ziehen! Der Schutzgeist ist immer auf den Grundcharakter des

Menschen eingestellt! Das bedeutet, er kann sehr streng sein oder unsanft, aber auch liebevoll oder witzig. Wie gesagt, es kommt auf den Menschen an. Wenn jemand zu wenig Introspektion macht, wird der Schutzgeist streng sein und sogar Schicksalsschläge vorbereiten. Denn er hat ja nicht nur die Aufgabe, uns zu schützen, sondern auch, wie erwähnt, die Entwicklung voranzutreiben. Der liebevolle Schutzgeist kann das Gegenteil erreichen, indem er das Karma mitunter beschwichtigt. Man schaue seinen Charakter an, dann weiß man, wie der Schutzgeist ist. Mitunter trennt sich dieses Wesen sogar vom Hermetiker, falls es keinen Zweck mehr hat, denselben zu fördern. Der Schutzgeist wird von der göttlichen Vorsehung berufen und von ihr erhält er auch den Lohn seiner Bemühungen. Dies ist ein kosmisches Gesetz. Der Magier sei immer gut zu anderen und streng zu sich selbst, so bleibt der Schutzgeist immer erhalten. Wenn er allerdings geht, dann für den Rest der Verkörperung und Magie wird nicht mehr möglich sein! Denn ohne Schutzgeist gibt es keine Entwicklung! Viele schätzen ihren „Genius" viel zu wenig, weil sie nicht wissen, was dieser für sie bedeutet. Aber andererseits hat dieses Wesen eine besondere Anziehungskraft, so dass im Menschen die Sehnsucht erwächst, schnellen Kontakt zu finden! Viele hermetische Vereinigungen sprechen vom Schutzgeist als höheres ICH. Das ist natürlich vollkommener Unsinn! Das höhere ICH ist in der Introspektion sehr klar beschrieben, als Zustand der Gottverbundenheit. Welch ein Irrtum!

34. Ein notwendiger Kurbesuch

Es ergab sich, dass ich wegen einer mehr oder minder schweren Krankheit in eine Kur musste. Ein Zeckenbiss zerstörte Teile meines Gehirns. Betroffen waren insbesondere mein Sehzentrum, meine Zirbeldrüse, aber auch andere Regionen. Zuerst bekam ich Sehstörungen, dann starke Kopfschmerzen, zum Schluss sehr schlimme Depressionen. Dieses ließ sich nur mit teilweise sehr starken Medikamenten behandeln. Ansonsten merkte niemand etwas. Auch mit dem Arbeiten war es vorbei, weil eine große Erschöpfung in mir war. Durch hartes Training gelang es mir andere, gesunde Hirnregionen für mich nutzbar zu machen. Es folgte ein sozialer Abstieg, die Erkrankung meiner Frau usw.! Dies gab aber den Depressionen neue Nahrung. Der Teufelskreis wurde enger und enger.

Mein Glaube an die Gottheit blieb aber ungebrochen. Sie führte Freunde zu mir, die mir finanziell sehr halfen.

Nebenbei kämpfte ich mit allen verbliebenen Kräften um das Leben meiner Frau, die eine denkbar unheilbare Krankheit hatte. Die Ärzte konnten nichts für sie tun.

Tief unten war mein Dasein, wo das Leben nichts mehr zählte. Meinen Freunden aber gab ich Halt und Schutz, dies gehörte zu meiner Mission. Keinen Moment würde dieser Dienst unerledigt bleiben!

Im Kurkrankenhaus nun spielte ich eine Krankheit, welches mir wieder Spaß machte. Meinen Angaben zufolge konnte ich nur allein auf dem Zimmer sein, und wenn jemand hereinkam, wäre ich unberechenbar. Eine Schwester hat es mal getestet. Die arme Frau wurde von mir über Stockwerke gehetzt, bis ich in mein Zimmer verschwand. Von da an klopfte man höflich, z. B.: „Hallo, ich bin die Schwester, darf ich das Essen hereinbringen." Es folgte ein kurzes Ja.

Langsam, vorsichtig wurde dann die Mahlzeit auf den Tisch gestellt. Dies zu den äußeren Umständen.

In meiner Tiefe lag eine Ahnung, dass etwas Großes geschehen würde. Alle geladenen Amulette und Talismane ließ ich zu Hause, mein Schutzgeist verlangte es so.

„Du sollst mit astralem Akasha arbeiten, um in Dinge eingeweiht zu werden, von denen Du keine Vorstellung hast!"

Nun, als ich allein in Bad Salzuflen saß, begann ich nachts einen großen Schrankspiegel nach bestem Können zu laden. Alsbald legte ich meinen Körper auf das Bett, um ihn geistig gleich wieder zu verlassen. Langsam schritt ich durch den Spiegel, tiefe Dunkelheit umgab mich. Diese Ebene kannte ich bereits gut, der astrale Äther. Von Uneingeweihten betreten, ist dies der Punkt, wo die Hüterin der Schwelle verweilt.

Ich hatte inzwischen eine Einigung mit dieser merkwürdigen Dame geschlossen!

Hier wo ich nun stand, konnte man in Sekunden viele Jahrtausende vor oder zurück, oder aber nur einen Tag, das spielt keine Rolle. Ich wollte mehr über die Gottheit Christus wissen. Der Gedanke reichte und schon befand ich mich auf einer Anhöhe. Aber was sah ich?

Einen Menschen, der den Beruf eines Zimmermannes hatte. Diesem Menschen sah man die pure Angst an. Wo war die Gottheit? Der Mann saß auf einem Stein, seine 12 Apostel schliefen fest. Nun bemerkte ich auch den Grund, warum sie nicht Wache hielten. Ein schwerer Alp lag über dem ganzen Berg, als hätten sich alle negativen Wesen verbündet, um auf diesen Zimmermann ihren Hohn zu schütten.

Ich war nur geistig da und darum wurde ich kaum belastet.

Ich schaute in ein sehr schönes Gesicht, welches ein Bart zierte. Die Augen lagen tief, aber nie zuvor hatte ich ein solches Blau gesehen. Ich wurde bemerkt und angeschaut. Ich fiel auf die Knie und erkannte das große Opfer dieses göttlichen Wesens. Er hatte von der Gottverbundenheit gelassen, und das in seiner schlimmsten Zeit. Er war ein Mensch wie ich, ohne jede Möglichkeit, sich selbst zu helfen, denn damit hätte er seinen Auftrag nicht erfüllen können.

Tiefes Mitleid stieg in mir hoch, Tränen in den Augen. Ich streichelte Trost auf seine Füße, ohne zu wagen, Christus anzuschauen. Plötzlich wurde ich hochgeschleudert, sah Farben wie nie zuvor, bis Ruhe in meine Bewegung kam.

Hier sah ich ein unendlich helles, goldenes Licht, ohne Anfang oder Ende. Da heraus ging ein Strahl von Lichtfarben, der sich fächerte und Sonnen, Erden, Ebenen verband. Jeden Moment gingen mir kosmische Gesetze durch den Kopf. Hätte ich einen Zeitvergleich, so waren es etwa fünf in einer Sekunde. In mir sprach eine Stimme sehr machtvoll: „Ich bin der Christus, den der Mensch in seinen Sphären nicht findet. Für die Meinen nehme ich Form an, damit sie mich kennen, aber nur ein kleiner Teil, wie Du siehst, kann wahrgenommen werden, denn ich diene dem Größten und so kann ich nicht klein sein. Alle 12 Alten sind mir ähnlich, nur bin ich jetzt in einer anderen Ebene."

Ich verweilte lange, bis ich mich am Ausgangspunkt wiederfand. Schnell belebte ich meinen Körper, der Blick auf die Uhr sagte mir, dass ich die ganze Nacht fort war!

Das Erlebte hinterließ einen tiefen Eindruck bei mir, denn ich erkannte Christus in seiner wirklichen Macht, die zu abstrakt ist, um die richtigen Worte zu finden.

In seiner tiefsten „Nacht" traf ich ihn, wo er „nur" ein Mensch war, wie Du und alle anderen, um sein Opfer zu erkennen, welches in Gedanken kaum nachzuvollziehen ist.

Nur allein, da mein Mitleid angeregt war, vollzog dieser Gigant eine Einweihung in kosmische Gesetze, die wörtlich zum größten Teil nicht niederzuschreiben sind.

Er gab mir noch ein Geschenk von höchstem Wert. Die Leser mögen ein Nachsehen haben, dass darüber kein Wort geschrieben wird. Der

Göttlichkeit gehört alle Ehre!

An Schlaf war nicht zu denken, denn wer könnte nun schlafen? Gedankenversunken saß ich auf dem Bett. Eigentlich könnte ich doch auch auf gleichem Weg gewisse Lebensabschnitte des Meister Bardons betrachten. Je länger ich darüber nachdachte, umso besser gefiel mir die Idee.

Vorher ging ich duschen, schön kalt, um klare Gedanken zu fassen. Beim Ankleiden bemerkte ich ein leichtes Summen, nur mein geschultes Gehör konnte es wahrnehmen. „Was ist nun schon wieder?", ging es etwas ärgerlich durch meine Gedanken. Sollte einer meiner Schüler wieder einmal im Begriff sein, einen argen Fehler zu machen? Geistig schaute ich auf jeden Einzelnen, die Auren waren mehr oder weniger in Ordnung, also war auch nichts.

Beim weiteren Ankleiden kam immer mehr Unruhe, bis er plötzlich von mir erkannt wurde. Meister Bardon!

Er saß mit dem Rücken zu mir, sein dunkles Haar glänzte. Gebannt setzte ich mich auf einen Hocker, der direkt neben mir stand.

„So ist es gut, Anion, Du sollst mich aus gewissen Gründen nicht von vorn sehen. Du siehst, ich bin Deinen Unternehmungen zuvor gekommen!"

Während meiner 25 Übungsjahren bin ich meinem Meister nur zweimal begegnet, also jeder kann sich denken, was in mir vorging. Es war wirklich schwer, die Gedanken auf einen Nenner zu bringen. Es blieb nichts anderes übrig, als die Gedanken auszuschalten, das hatte aber zur Folge, dass mein Zustand leicht tranceartig war. Aber es ging gut so, nun kamen meine Gedanken klarer.

„Du erfüllst Deine Mission wirklich gut. Trotz aller Widerwärtigkeiten warst Du für Deine Schüler da! Dir ist ja bekannt, dass Menschen wie Du vom negativen Prinzip nicht gern gesehen werden. Du hast aber dennoch Achtung diesen entgegen gebracht. Bist Du müde geworden von diesen langen Kämpfen? Oft habe ich schützend meine Hand über Dich und Deinen Schülern gelegt, um noch Schlimmeres zu verhindern. Deiner Frau Ariane habe ich mich oft gezeigt. Sie hat besondere, angeborene hohe Gaben und Kräfte. Durch sie habe ich oft Rat gegeben, oder auch Warnungen. Ihr alle solltet ihr viel mehr Beachtung schenken. Sie gehört gleichfalls zu Euch, auch sie geht den Weg der Gesetze. Allerdings hat sie nicht die Aufgabe, Euch zu führen, Euch als Meister zu unterstützen! Deine Aufgabe wird sich etwas ändern. Zeige meinen Schülern die Selbstständigkeit, die sie haben. Die, welche den Weg am ernsthaftesten gehen, weihe ein nach alten atlantischen Riten, die Du ja kennst! Ich verlasse mich da ganz auf Deinen Spürsinn. Mein irdischer Sohn und auch mein Freund Milan waren Eingeweihte, aber sie fielen und hatten auch keinen lehrenden Auftrag. Du wirst sie aus diesem Grund nicht brauchen. Deinem Auftrag gemäß hast Du selbst genug Fähigkeiten, also brauchst Du auch niemanden. Sage all den Schülern, die eine gewisse Reife haben, wo ihr Platz in der Astralebene ist. Das wird sie weiter an den Weg binden! So wie mein Bruder Joshua Dir ein Geschenk gab, so empfange auch eines von mir!"

Mein Bewusstsein wurde abermals in die Höhe geschleudert und ähnlich wie bei Christus, sah ich die wirkliche Größe des Meisters. Doch wie soll ich blaues Gold beschreiben? Farben, Töne, die ebenfalls Sonnen, Sphären, Ebenen gesetzmäßig führten, trennten, bewegten, ausgebreitet im ganzen All, also allgegenwärtig, allmächtig, allwissend, allliebend, aber mit der göttlichen Vorsehung verbunden. Wie mag sich da die Vorsehung, die nicht personifiziert ist, äußern? Ein Gedanke, der sich nicht zu Ende denken lässt.

Als ich erwachte, war tiefste Nacht, mein Geist, meine Seele und mein Körper waren sehr mitgenommen und sicher ließ nur eine mimisch-quabbalistische Formel mich beleben, ja sogar schnell erholen. Ich saß noch immer auf dem Hocker, mein Rücken schmerzte stark. An Schlaf war nicht zu denken, mein Geist war restlos ausgefüllt mit Licht und noch immer kamen jede Sekunde fünf Gedanken, deren Fülle mich auch heute noch zum Schweigen bringen!

Ich glaube, wir müssen uns von dem Gedanken lösen, dass diese Wesen noch irgendetwas mit den Menschen gemeinsam haben. Sie haben eine ganz andere Entwicklungsstufe oder sogar einen ganz anderen Entwicklungszyklus.

Dennoch, wenn sie sich verkörpern, so gehorchen alle den Gesetzen der Erde. Das lässt den Trugschluss aufkommen, dass sie ähnlich sind wie wir. Von mir gesehen, sind sie kosmische Mächte, die sich nicht beschreiben lassen, denn sie wirken über unseren Makrokosmos hinaus, nur der Vorsehung gehorchend, oder ein Stück von ihr zu sein! Aufgefallen ist mir nur, das gerade Christus neben den anderen göttlichen Eigenschaften gerade die Allmacht besonders vertritt. Natürlich auch die Allliebe, aber jedes Wesen hebt sich durch eine Besonderheit hervor! Auch das ist eines der kosmischen Gesetze, die mir in hohem Maße zu Teil wurden, nämlich 864.000. Wie man sich das merken kann? Überhaupt nicht, es sei denn, ein solches Wesen setzt es im Bewusstsein fest.

Einige Gesetze betreffen Ebenen, die wir noch gar nicht kennen. Sie verdeutlichen sich erst bei der Beherrschung aller Tarotkarten. Diese Gesetze füllen mich nun so stark aus, dass ich Mühe habe, ganz normale, alltägliche Gedanken zu haben. Es ist sehr schwer, oft schleicht sich Interessenlosigkeit für irdische Belange ein, dann muss ich mich zur Ordnung rufen, um für meine Schüler da zu sein. Zum Glück gibt es die Gedankenkontrolle!

Diese Würde, all diese Dinge zu wissen, macht mich vollkommen sprachlos, und ehe ich darüber nachdenke, will ich die Begegnung mit dem Chenresi beschreiben, was übersetzt etwa heißt: **Mit klaren Augen schauend!**

Was sich für eine große kosmische Liebe mit diesem Wesen verbindet, lässt sich wieder einmal nicht mit menschlichen Worten sagen. Vielleicht soviel, dass Chenresi vor dem Herrscher des Saturn den Eid gegeben hat, nicht eher zu ruhen, bis nicht das letzte Wesen erlöst sei! Auch diese Gottheit wirkt außerkosmisch, so dass sein Eid vor der göttlichen Vorsehung abgelegt wurde. Was das für Opfer, Einsatz, Göttlichkeit fordert, bleibt jedem Menschen ein Geheimnis. Nur soviel ist sicher, am Ende ist Chenresi das älteste Wesen im Universum und hat unzählige Sonnengeburten aber auch Sonnentode gesehen. Mehr ist mir nicht möglich überhaupt zu sagen. Unser Wortschatz ist überaus klein. Zehn Stunden befand ich mich in dieser Schwingungswelt, aber zu sagen ist nichts, denn jedes Wort wäre nur Hohn! Allliebe, auch nur ein Wort, aber was diese Gottheit tut ist unaussprechlich! Aber alle zu ihrer Zeit Geborenen sagten ihre Wiederkehr voraus. Der Buddha Maitrja, Christus usw. All das stimmt. Eine Legende besagt, dass es in etwa 30.000 Jahren soweit sei. Aber in Wirklichkeit wird es 4000 Jahre dauern. Bis dahin ist die Hermetik eine Weltreligion geworden. Akasha hat einen stärkeren Einfluss auf die Materie. Das heißt, dass alles viel ausgewogener ist, vor allem die Menschheit. Es gibt dann global einen Herrscher, Kriege gehören der Vergangenheit an. Der einzelne Mensch hat schon viel Karma abgetragen und wer das magische Gleichgewicht noch nicht hat, kann es jetzt erreichen.

Die Medizin ist soweit, dass man über 400 Jahre alt werden kann, also das wirklich auch der letzte Mensch die Vollkommenheit erreicht. Die meisten werden sich aber nicht wiederverkörpern, weil sie bereits astral unsterblich sind!

Genug von der Zukunft. Wichtig ist ja die Gegenwart. Mein Interesse ging nun dahin, auch das negative Prinzip vom Standpunkt der kosmischen Gesetze zu erkennen. Ich suchte mir das höchste Wesen aus, welches ich kannte. Mir lag auch nichts daran, dieses Wesen materiell zu sehen. So ging ich mental ans Werk.

Ich sah ein samtiges, aber trübes leuchtendes Schwarz. Es schimmerte sehr und war direkt mit Akasha verbunden. Viele leuchtende Farben gingen aus dem Schwarz hervor. Der ganze Kosmos wurde durchdrungen, nur die Farben waren satter und dunkler, trüber, als bei den zuvor genannten Wesen. Vernichtung und Zerstörung spürte ich sehr deutlich. Dieses Wesen hat Millionen von Untergebenen! Ganze Planeten, sogar Sonnen wurden zerstört. Töne, wie seltsame Musik waren zu hören. Mir war klar, dass es quabbalistische Sätze waren, besser gesagt sind, die Zerstörung, kosmischen Hass usw. ausdrücken, die von diesem Wesen gelenkt wurden! Meine Erkenntnis sagte mir, dass auch hier Reinheit und Weisheit zu sehen sind! Es führt nur die Dinge aus, die von der Vorsehung verlangt werden. Die Erkenntnis wiegt schwer, zu wissen, woher so ein Wesen kommt. Nämlich direkt aus Akasha. Man muss die hohe Reinheit dieses Wesens erkennen, um die Vorsehung nicht zu beleidigen, denn wer hat es geschaffen? Viele Rätsel gibt es, die wir als Menschen nicht lösen können! Nehmen wir alle Genien aller Sphären unseres Makrokosmos, so hat ein jeder Genius einen Gegengenius. Hier liegt ein großes Geheimnis, denn wir sehen den kosmischen Seelenspiegel. Darum muss der Mensch auch beide Seiten in seiner Seele haben. Natürlich muss jede Eigenschaft, ob gut oder schlecht, total beherrscht werden. Wir sehen aber deutlich, dass nur eine Gleichzahl das magische Gleichgewicht bringen kann, denn nur so ahmen wir den Makrokosmos nach. Jeder kann von diesem Standpunkt das wahre Geheimnis der Introspektion erkennen! Wir als Magus stehen über beiden Prinzipien, führen Missionen der Vorsehung aus. Man bedenke, dass die Brüder des Lichts z. B. über Kriege, Katastrophen und mehr entscheiden, man erkennt auch hier das höchste Prinzip, die Beherrschung aller Kräfte!

35. Der persönliche und unpersönliche Gott

Das höchste Wesen, das wir kennen, ist das Prinzip Metatron! Er ist das absolute Sein auf der Vorderseite, das (für menschliche Begriffe) Nichtsein auf der Rückseite. Nur eine Gottheit findet in der Rückseite alles, weil es die unpersonifizierte göttliche Vorsehung ist. Es hat viele Namen:

Er ist Gott-Vater der Christen,
Allah für Islamisten,
der Nirvana-Buddha für Buddhisten,
Shiva für Hinduisten usw.

Wir sehen, dass viele Kulturen dasselbe verehren. So mag die Frage aufkommen, warum sagt Christus: „Nur über mich kommt ihr zu meinem Vater?" Der Buddhist muss erst Buddha werden, um sich dem höchstem Dhyani-Buddha zu nähern?

Hier liegt das Geheimnis verborgen, welches den persönlichen Gott betrifft, um letztlich den Unpersönlichen zu treffen. Man bedenke eines, nehmen wir die persönliche Gottverbundenheit an, so können wir mit anderen göttlichen Wesen sprechen! In der Merkurebene ist jedes Wesen der 144 Genien ein Göttliches, und nicht nur dort! Ich erwähne es nur, weil meine Worte in der *Quabbalah* von F. Bardon bestätigt werden.

Nun kann sich aber nur Göttliches mit Göttlichem unterhalten, so ist es *Gesetz!* Es ist ähnlich, wie wenn wir z. B. die Gestalt der Elementewesen annehmen müssen, damit wir überhaupt gesehen werden. Auch das ist ein *Gesetz!* Ich denke, damit werden viele Fragen beantwortet. Unser persönlicher Gott ist das für uns höchste Prinzip, über dem es nichts Höheres gibt! Erst das verleiht uns die Macht, die Weisheit usw. uns mit göttlichen Wesen auf Du und Du einzustellen und auch zu verstehen, was diese uns zu sagen haben! Das ist doch so klar, dass nur der Unreife dieses kosmische Gesetz nicht erkennt! Wir wechseln auch später in der Entwicklung nicht unseren Gott, weil er ja schon das Höchste ist, aber er wird immer feiner, bis er vor Metatron steht und wieder sagt: „Das bin ja ich!"

Von da an entwickelt sich der Mensch zu einer kosmischen Kraft, die vom menschlichen Standpunkt nicht mehr fassbar ist! Also, Schritt für Schritt wird man dies, nicht mit einem Sprung! Der Mensch, der gleich Metatron verehrt, ist illusorisch, weil er keine Ahnung hat, was er dort verehrt!

Anders der Magus, der die Gesetze kennt und weiß, dass er für manche Dinge noch zu klein ist, um sie verstehen zu können! Er kennt seinen Gott und das bringt ihn weiter, indem er sich mit seinem Ideal verbindet. Für Religionen hört hier der Weg auf. Für den Magus beginnt er erst jetzt!

36. Zeit und Ewigkeit

Die Zeit besteht aus Vergangenheit, Gegenwart und Zukunft. Das wird uns auf dieser Ebene gelehrt und nimmt großen Einfluss auf uns! Gerne tauchen wir in die Vergangenheit, beleben sie dadurch aber, Gutes wie Schlechtes! Gern schweift man in die Zukunft, in der Meinung, sie könnte so werden, wie es einem Recht ist! Welch ein Versehen! Nehmen wir einmal die Gegenwart, sie steht in der Mitte von Vergangenheit und Zukunft. Die Gegenwart leben heißt, die Zeit abzustellen! Wir vergegenwärtigen die Gegenwart, das heißt immer in der Gegenwart zu bleiben. Die Vergangenheit fällt weg, weil wir nicht an sie denken, die Zukunft verschmilzt mit der Gegenwart, in der wir sind. Das ist ein Zustand der Unsterblichkeit, wenn wir nur Gegenwärtiges leben! Selbst wenn unser Körper auf dieser Ebene stirbt, endet nicht unser Bewusstsein.

Bewusstsein ist unser Geist, der die anderen Elemente gebunden hat. Wir wissen, dass der Geist das Ebenbild Gottes ist, also unsterblich! Was hält uns eigentlich ab, immer in der Gegenwart zu leben? Es ist nur die unausgeglichene Seele, welche uns dem Zeitgeist unterwirft. Schon relative Ausgeglichenheit macht es möglich, man muss sich allerdings sehr anstrengen. Nur selten sollen Erfahrungen aus der Vergangenheit geholt werden, und wenn dann nur kurz und knapp! Zukünftig wird nur das Wichtigste **geplant**. Das macht uns mit der Zeit reif, immer in der Gegenwart zu leben! Dies ist ein Zustand, den man nur erleben kann, aber niemals wird es zu beschreiben sein! Wir erleben das Akasha, und es lebt uns! Der Mensch, der diese Gnade bekommt, wird mystisch und magisch große Schritte machen, weil sich auch sein Glaube manifestiert. Dadurch wird er spielerisch mit dem ansonsten schweren Weg umgehen, denn beim Spielen besteht kein Druck. Dadurch wird die schwerste Übung ein leichtes „Spiel"!

37. Die höheren Ebenen

Wie wir wissen, hat die Astralebene viele Dichtigkeitsgrade, in die der Mensch gemäß seiner Reife hingelangt. Die höheren Ebenen sind heller, lichtintensiver, von daher schwer zu beschreiben, weil es an Dunkelheit mangelt. Hier ist die Region, wo alle Religionen, die auf der Erde Akasha repräsentieren, vollkommen vorhanden sind. Jede Religion findet hier ihren höchsten Gott, jeder Einzelne sogar, gemäß seiner Reife. Das ist der Ort, wo die Gottheit den einen oder anderen gläubigen Menschen darum bittet, sich zu inkarnieren, wo sich dann gemäß der Religion ein hoher Eingeweihter verkörpert. Alle hier angekommenen Menschen brauchen sich nicht mehr zu inkarnieren! Die Menschen sind jetzt alle Genies.

Ich selbst hörte mir eine humoristische Darbietung an, bis ich lachte, ohne aufzuhören. Sie war perfekt, wie alles in dieser Ebene. Es war ein Platz umrahmt von immergrünen Eichen. Da plötzlich stand mein Schutzgeist hinter mir in einer Robe. Diese hat in der Astralebene das Symbol der Belehrung!

„Wo ist Dein Gott hier in der feinsten Astralebene?"

„In meinem Herzen, ansonsten ist er nicht hier. Es bringt mich selbst etwas durcheinander, weil sein Königreich hier im Astralen ist. An der Pforte sagten mir Bedienstete, der König der Könige sei nicht da. Ich war verstört und begab mich deshalb in die höchste Höhe. Indra, Buddha, Vatergott, Brahma, die wunderschöne Shakti, Allah usw. Ich hörte ihre höchsten Weisheiten. Darum spielte ich mit dem Gedanken hier zu bleiben. Du weißt, ich darf das, weil ich schon lange durch die Pforte ging. Nur mein Auftrag hält mich stofflich gebunden."

„Dies ist auch ein Grund, dass Du tiefer in die Einweihung gehen darfst", sprach mein Schutzgeist.

„Dies, was Du als höchste Astralebene betrachtest, ist dem Hohen nur niedrig! Hinter dieser Lichtwelt ist noch mehr."

Mein lieber Schutzgeist nahm mich an die rechte Hand. Rechtsdrehend erhoben wir uns, ich sah ein Spektrum von Farben, bis wir an einen Ort ankamen, der sehr dunkel war! Besorgt fragte ich, wo wir seien.

Mein Schutzgeist beruhigte mich mit den Worten: „Es ist nur dunkel, weil Deine geistigen Augen das starke Licht nicht sogleich wahrnehmen können. Wir sind auf einer Ebene, die weder mental noch astral genannt werden darf. Denn hier gibt es das, was Du Zeit nennst, jedoch nur im Zusammenhang mit der bewussten Anwendung. Im gleichen Maße ist es mit dem Raum! Nur hier gibt es unzerstörbares Sein, welches während Brahma-Nächten bestehen bleibt. Du kannst jeder „Zeit" den „Ort" verlassen, aber hier wohnt das Unbeschreibliche."

Langsam wurde es heller, ich begann Lichtstrahlen zu sehen.

„Warum wird auf Erden nicht viel von dieser Ebene gesprochen, es ist doch so wichtig?"

Langsam spürte ich die unglaubliche Wesenheit meiner Gottheit, es war wieder heller geworden.

„Dies ist genau das Gegenstück der Erde, zu heilig, um es zu beschreiben. Wenn Du gut sehen kannst, so wirst Du sehen, wie die Gottheiten ganz neue Universen entstehen lassen, in enger Verbindung mit der Vorsehung. Einige Große haben Dich schon geholt. Das, was Du gesehen hast, ging von dieser Ebene aus."

„Sag mir, wie kann Christus einerseits seine Gläubigen belehren und dort sah ich ihn zur gleichen Zeit als einen Schöpfer?"

„Das ist die Macht seiner Allgegenwart, die Du in Zukunft auch haben wirst!"

„Aber der Mentalköper ist doch das Ebenbild Gottes, wie kann ich nun ohne sein?"

„Du bist nicht ohne Mentalkörper, nur der festen Körperform bist du entledigt, denn erst das macht Dich grenzenlos, erst jetzt könntest Du allgegenwärtig sein, in jeder Ebene. Nun bekommt die Matrize, die Du am Tor der Einweihung bekamst, eine neue Bedeutung, um Dich mit Deiner Gottheit zu binden, ohne das eigene Bewusstsein zu verlieren! Oft hält so eine kosmische Verbindung Jahrtausende, und weil Du keine Form hast, bildet sich eine, gemäß der Gottheit. Nach der Lösung verlierst Du das Körperhafte wieder. Dem Auge erscheinst Du als Energie. Diese Ebene wird oft Nirvana genannt, was Verlöschen bedeutet, aber in Wirklichkeit lebt man hier erst richtig, daher kehrt auch niemand so gerne zurück! Dadurch ist der Irrtum entstanden, dass hier alles Sein endet. Auch die Brüder des Lichts haben hier ihr wirkliches Zuhause, aber da einige sich oft verkörpern, haben sie einen unsterblichen Astralkörper, der am Leben gehalten wird durch die Mentalmatrize. Ähnlich des stofflichen Körpers beim Astralwandern. Die Menschen, die in die Mentalebene dürfen, sind schon meist gut entwickelt, aber sie werden noch zur Reinkarnation gezwungen. Ich habe Dir jetzt einige Gesetze und einiges Wissen erklärt. Auf dieser Ebene gibt es keinen Zwang mehr, nur Du selbst bestimmst, denn hier hört der Mensch auf Mensch zu sein, deswegen nennen die Eingeweihten diese Ebene die „Göttliche Ebene" (Devachan)! Sie ist und bleibt dünn besiedelt, weil der weit größte Teil der Menschen nach Erreichen der Vollkommenheit ins Nirvana eingeht!"

„Warum zeigst Du mir diese Welt, von der ich noch weit weg bin?"

„Nenne es Segen oder Fluch, Du darfst Dich nicht auflösen, und da Du des

Lebens müde geworden bist, zeig ich Dir die Zukunft, die unauslöschlich ist. Daher warst Du bei einigen Wesen die dort Leben, ohne zu wissen, warum Dir diese Ehre zuteil wurde. Also bleib am Leben, andere Gedanken weise von Dir, vor allem verärgere die göttliche Vorsehung nicht, dann möchte ich nicht in Deiner Haut stecken!"

Mittlerweile nahm meine Gottheit Formen an, die ich noch gar nicht kannte. Meine Demut stieg ins Unermessliche, als mein Schutzgeist mich nach unten zog, wo mein Mentalkörper war, der noch zu „stofflich" war, um ihn mitzunehmen! Betroffen ließ ich mich auf einen Stein nieder und konnte über die humorvolle Darbietung gar nicht mehr lachen. Tausend Gedanken gingen durch meinen Kopf. Auf der stofflichen Ebene beschloss ich, die Kur abzubrechen, weil es meiner Frau sehr schlecht ging, aber auch in mir liefen merkwürdige Gedanken durch die Sinne. Eigentlich wollte ich ja die stoffliche Ebene verlassen, nun war nicht mehr daran zu denken und das machte mich traurig. Aber den Sinn der Kur konnte ich vollends verstehen. Die materielle Welt hatte mich wieder! Lange und ausgiebig meditierte ich über das Erlebte, vor allem über meinen Schutzgeist. Wer gab ihm dieses überaus hohe Wissen? Manchmal verkörpern sie sich, aber immer in der Nähe des Schülers. Diese Inkarnationen sind freiwillig, gerade wenn viele Schüler verkörpert sind. So war er auch mein Lehrer in dem Kloster, in dem ich weilte. Sollte der Lehrer eher sterben, so übernimmt ein Untergebener des Schutzgeistes, ausgestattet mit der gleichen Intelligenz. Es gibt Schutzgeister, die überhaupt nicht verkörpert waren, oder Verstorbene höheren Ranges, um noch Karma abzutragen. Ja, es gibt viele.

Mich interessierte stark die Gottesebene, das ist wohl immer so. Normalerweise sollte ich mich mit der Merkurebene beschäftigen, andersrum gehört ja die gesehene Ebene irgendwie zur Erde! Sie war zuvor fast ohne Element, aber das elektrische und magnetische Fluid war stark vertreten. Zeit und Raum gab es nur, wenn man es wollte. Dies ist ein Teil der Gesetze, die ich aufschrieb, aber das größte Quantum ist im Kopf. Nun wollte ich wissen, wie ein Makrokosmos entsteht.

„Du hast an Deiner Unverschämtheit seit Jahrhunderten nichts geändert", lächelte mein Schutzgeist, „aber Du willst es ja nur Deinen Schülern lehren und so ist es gut, denn sie werden es als Anregung brauchen. Es ist also nicht schlimm, wenn sie davon wissen."

Auf Erden legte ich mich erneut ins Bett und schon waren wir am Zielpunkt. Ein großes geistiges Wesen, dessen Namen ich nicht nennen darf, nahm mit der Vorsehung Kontakt auf, so dass von der riesigen Energie kaum etwas zu sehen war. Erst leise, bis hin zu donnernd-dröhnend baute sich ein magisches Volt auf, riesengroß, innen elektrisch, außen magnetisch. Nun wird immer mehr magnetisches Fluid genommen. Die Kugel fängt an zu brummen, dann platzt das Volt und aus den Fluiden werden Elemente, Feuer (Luft) und Wasser (Erde), man kann schon sehen, dass die Sonne schon riesig ist. Dann, von einem Augenblick zum anderen, fährt ein kräftiger Strahl Akasha in die Sonne, so dass das Bild einer Sonnenfinsternis entsteht, bis ein langgezogenes ÄÄÄ ertönt. Nun bekommt die Sonne einen wunderschönen Glanz, dieser vermag sogar die mentalen Augen zu blenden!

Ein ähnliches Bild zeigen die Planeten, die langsam durch MÖ-MÖ-MÖ hallten. Da dieser Schöpfer selbst Allbewusstsein hat, im Zusammenhang mit Akasha, entsteht die Hierarchie von Genien und Gegengenien, die alle von der Vorsehung ihre Pflichten aufgetragen bekommen! Die ganzen quabbalistischen Schlüssel, zehn an der Zahl, wurden gesprochen.

Auch die Versetzung der Schöpfung bis hinab ins Mentale, Astrale und Stoffliche werden durch sehr merkwürdige Formeln bewerkstelligt. Dass Zeit und Raum in dieser Ebene ein Spiel ist, bemerkte ich schon. Ich sah mir den Kosmos, der voller Harmonie ist, genauer an. Bald schon begann die Evolution. Das Akasha, dessen Licht die Sonne übertönte, ist zu Metatron geworden. Das Strahlen bedeutet die Macht des Metatron – vor seinen göttlichen Eigenschaften verbeugt sich sogar das erschaffene Licht. Der Lichtbruder erwachte aus der Trance, seine Freude war überaus groß und lässt sich nicht aussprechen!

„Wie weit sind wir stofflich von der Erde entfernt?"

„Eine nicht einfache Frage", deutete der Schutzgeist an, schloss die Augen und sagte dann, als ob es eine Einfachheit wäre: „Siebenhundert Lichtjahre, in etwa."

Viele neue Fragen hatte ich, aber der Anblick des neuen Makrokosmos, der sehr verkleinert war, zog mich in seinen Bann. In 700 Jahren würde also die Sonne dieses Kosmos mit ihrem Licht auf der Erde sichtbar werden.

Ich möchte noch auf einige Merkwürdigkeiten der oberen Astralebenen hinweisen. Auf der grobstofflichen Ebene gibt es bei manchen Menschen aus verschiedenen Gründen Depressionen, Krankheiten, Not usw. Hier in der oberen Astralebene haben wir genau das Gegenteil. Man lebt in einem Zustand, wo das Bewusstsein immer gehoben ist. Nur der unsterbliche Astralkörper gelangt in diese Höhe, weil hier eine derart hohe Schwingung herrscht, die einen normalen Astralkörper zerstören würde.

Wir befinden uns in einer Lichtwelt, welche beinahe die Merkurebene darstellt, weil der Geist sich bereits vergöttlicht und der Mensch eine gewisse Genialität erreicht hat. Von hier steigen astrale Ärzte in die unteren Ebenen, um in „Kliniken" zu arbeiten. Manche Menschen leiden an schweren Sterbetraumen, vor allem bei Ermordeten ist es sehr schlimm, da in der Astralebene die Imagination sehr einfach ist, sterben die Opfer wieder und wieder. Oder eine schlimme, auf der Erde zugezogene Krankheit seelischer Natur, wie z. B. schwere Depressionen, krankhafte Zwänge wie Phobien enden ja mit dem Tod nicht. Aber auch Lehrer werden zu bestimmten Menschengruppen aus dieser höchsten Astralebene geschickt.

Wundersam sind hier einige Gewässer, in denen man alles sieht, was dem normalen Menschen zu abstrakt wäre. Es gibt Meere aus konzentrierter Lebenskraft, in denen man baden kann, was noch sensibler für das Hochgefühl macht. Es gibt unbeschreibliche Tempelanlagen, bei deren Betreten augenblicklich die Gottverbundenheit hervorgerufen wird.

Die Glaubensrichtungen fallen nahezu weg, weil hier die abstrakten Ideen allesamt universell sind. Es gibt nur Unterschiede der Sympathie zu den einzelnen Gottheiten, die sich aber fast aufheben. In einer bestimmten Region träumen noch ungeborene Menschen! Sie brauchen diese hohe Schwingung, um später von dieser Ebene angezogen zu werden. Sie werden von bestimmten Genien bewacht, um gewisse Ansätze von Bewusstsein in ihren „Traum" zu bekommen. Ungeborene Menschen, die aus der Mentalebene ins Astral versetzt werden, haben kein Eigenbewusstsein.

Es gibt weder Krankheiten noch sonstige Disharmonien. Das gilt auch für Tiere und Bäume. Die Tiere sind hier so hoch entwickelt, weil jedes aus einer Gruppenseele besteht. Bei ihnen ist es genau umgedreht wie bei den nichtgeborenen Menschen. Sie steigen von hier in die Mentalebene und werden dort zum 4-poligen Magneten gemacht, um dann nach langer Zeit als ungeborener Mensch ins Astral zurückzukehren. Die immergrünen Bäume und Pflanzen, die wir hier finden, bekommen durch diese hohe Schwingung die Möglichkeit, als niederes Tier materiell verkörpert zu werden. Aber diese Abläufe gehören, vom irdischen Standpunkt aus, in den nächsten Brahmatag. Das bedeutet, es wird ganz andere Menschen und Tiere geben. Die Hauptbeschäftigung der Menschen in dieser hohen Astralebene ist z. B. die kosmische Philosophie, von so abstrakter Natur, dass kein normaler Mensch folgen könnte. Andere sind damit beschäftigt, ihre quabbalistischen Fähigkeiten zu perfektionieren. Einige sind bemüht, die Schwingungszahlen der unteren Ebenen anzuheben, genau entsprechend der Evolution. Jeder Mensch arbeitet hier rein schöpferisch. Feinste mentale Ideen werden in die Astralebene gezogen, damit sie die Möglichkeit zur Verwirklichung haben.

38. Meine Vorverkörperungen

Um der Wahrheit die Ehre zu geben, soll mein Weg durch zwei vorherige Inkarnationen beschrieben werden. Da war in Tibet mein weiser Lehrer vor zwei Verkörperungen, der mein großer Schutzgeist ist. Den habe ich, wie beschrieben, sehr geärgert und manch dummer Streich hat ihm sicherlich wehgetan. Dennoch hatte ich gewisse Begabungen, die meine Mitschüler nicht hatten. Diese bewahrten mich wohl davor, einfach aus dem Kloster geworfen zu werden. Andererseits sah mein verkörperter Guru, dass ich in den Klauen eines Dämons gefangen war, damit erklärte er auch mein zum Teil schlimmes Benehmen.

Wie auch immer, der universelle Weg stand mir offen, aber nur bis zur Stufe drei, wenn wir diese Lehre an dem Adepten messen. Und damals gab ich den Eid: „Wenn ich nicht weiter komme, so wird mein Leben der Magie gehören!"

Und in der Tat wurde der Eid geprüft, so dass ich als alter Mann nur Stufe drei beherrschte. In der Astralebene angekommen, wurde dieser Eid zum Segen, den ich nie erhofft hatte! Mir wurde bewusst, was es bedeutet, der Gottheit ein Versprechen zu geben. Wie schlimm musste es sein, wenn man einen Schwur bricht?

Ich bekam die wichtigste Schulung, die man auf den Weg zum Magus bekommen kann! Es ist die Menschlichkeit, die nur wenige Menschen haben. Wie erhaben ist ein wahrer Mensch. Man trifft sie im Alltag, wird auf besondere Art von ihnen berührt! Sie hatten nie einen magischen Weg und sind erhabener, als manch ein Hermetiker, der zehn Jahre praktiziert. Die Neigung auf die Menschlichkeit herab zu schauen, ist eine dumme Sache, die mit den Magos (Priester) nichts zu tun hat. Die Menschlichkeit lebt, man muss sie nur erkennen.

Dann gibt es viele Menschen, die unmenschlich handeln, aber das sind die

armen Teufel ihrer Sinne und Gefangene ihres Charakters, also was gibt es da zu schauen? Ihnen müssen wir unser Mitgefühl geben! Eine Sache, welche wir nie vergessen dürfen. Aber weiter zu mir!
Die Lehre der Hermetik wurde mir vermittelt, so dass ich bestens für diese Reinkarnation gerüstet war. Meine Eltern durfte ich wählen, so suchte ich mir einen inkarnierten Meister, der in Schweden lebte. Er war der Kopf einer geheimen Rosenkreuzergesellschaft. Bei ihnen wurde ich eingeweiht in damals noch geheime Runen-Übungen, Meditationen usw. Als er starb, übernahm ich die Gesellschaft auf Bitten meiner damaligen Mutter. Sie war eine sehr liebe und starke Frau, die meine menschliche Seite weiter stärkte. Viele Jahre war ich Oberhaupt dieser sehr edlen Rosenkreuzer, wo ich dann die Schwelle der Einweihung überschritt. In hohem Alter starb ich, um mich auf der Astralebene in größter Freiheit bewegen zu können, auch mein Vater war dort, der bereits ein Magier hohen Ranges war.
Ich lernte sehr viel, auch von den Brüdern des Lichts. Bis sich der kosmische Lehrer anmeldete. Wir alle hatten von ihm gehört, haben in astralen Büchern gelesen, die von Arion stammten. Wir saßen an einem runden Tisch, der Stuhl des Meister glich einem Thron! Langsam wurde seine Gestalt sichtbar! Eine glitzernde, blaue Farbe umstrahlte ihn, die niedere Wesen der Astralebene erblinden ließe! Er lehrte uns Dinge, die wir vormals nie gehört hatten! Nach langer Zeit beendete er den lehrreichen Vortrag! Ich wollte gerade aufstehen, als der Meister mir zu verstehen gab, sitzen zu bleiben. Er begann recht merkwürdig auf uns zu wirken!
„In naher Zukunft werde ich zunächst drei Tarotkarten vollkommen entschlüsselt auf der materiellen Ebene herausgeben, obwohl vom Standpunkt der Evolution diese Werke erst in 600 Erdenjahren erscheinen sollten. Gerade deshalb brauche ich euch, um den ausgesuchten Schülern ein wenig Halt zu geben, denn die Zeit arbeitet gegen sie! Deshalb sollst du 12 Schüler auf dem Weg halten. Wenn nötig darfst du jede magische Fähigkeit, die du mittlerweile beherrscht, einsetzen, aber wenn der jeweilige Schüler sich öffnet, darfst du noch mehr geben."
Mein Gegenüber sollte sich in Griechenland niederlassen. Es wäre, wie bereits gesagt, noch ein weiterer Kreis geplant, doch dessen Meister schlug andere Wege ein. So spielt das irdische Schicksal! Dafür wollte wenn nötig der Meister selbst eingreifen, wenn bei mir Probleme aufkommen sollten, denn ich hatte noch besonderes Karma abzutragen. Auf der Erde sollte ich in Deutschland wirken. Mit meinem 20. Lebensjahr sollte meine Lehrtätigkeit beginnen. Ich suchte mir diesmal einen schwierigen Vater aus,

um mich zu messen und stark zu werden. Mein Leben kennen die meisten meiner Freunde. Als damals der „Adept" in meine Hände gelegt wurde, brauchte ich schließlich 9 Monate, um ihn durchzuarbeiten.

Anschließend musste ich mich auf die Schwierigkeiten der Schüler einrichten und in dieser Beziehung das Buch aus anderer Sicht bearbeiten. Ansonsten war „Die Praxis der magischen Evokation" mein Werk.

So schrieb ich denn auch einen Zusatz zum „Adepten". Andererseits legte ich die 4. Tarotkarte vor, welche nur durch Verkehr mit anderen Genien möglich war, weil sie mich lehrten, diese in die individuelle Sprache umzusetzen.

Mit der Beschreibung des 1. und 2. großen Ur-Runen Arkanums überspannte ich den Bogen des Karmas, die Vorsehung hat aber nicht eingegriffen. Eigentlich wurde dieses Arkanum nur in der Astralebene von einem Lehrer gegeben. Hier auf Erden ist es sehr gefährlich für Menschen, die nicht die nötige Reife haben. Darum hatte mein Lieblings-Schüler die germanischen Riten zur Erlangung der Gottverbundenheit beschrieben. Nur mit dem Kontakt zu den Göttern und nur mit Hilfe seines Schutzgeistes ist es möglich, das erste große Runen-Arkanum zu meistern. Darauf weist Franz Bardon in seinem *Adepten* hin, wenn er sagt, dass man sich in der 5. Stufe mit seinem Schutzgeist verbinden soll. Von ihm erfährt man weiteres.

In meiner langen Lehrzeit habe ich zum Teil evokativ gearbeitet, nur um Zweifel zu beseitigen. Das wahre Wesen der Gottheit werden meine beiden Lieblingsschüler erfahren, die von Ariane und Arion geleitet werden. Diese werden zuletzt selbst evozieren usw. und Sphären durchwandern, von denen man sich nicht einmal im Traum die geringste Vorstellungen machen kann.

Neben dem zweiten und dritten kleinen Arkanum fiel mir eine Arbeit besonders schwer. Es war die Entschlüsselung der 72 Gottesnamen, die in weltlichen Schriften weniger zu finden sind. Schließlich half mir Lehlahel, ein besonderer Freund aus der Merkurebene. Er gab mir zu verstehen, dass in gewisser Hinsicht die 72 Merkurgenien diese Verse tragen, aber nicht in der Reihenfolge. So ist das Ende -ah- gleichzusetzen mit den Worten: Du bekamst Bewusstsein! Das -el- bedeutet: Die Tugend verwirklicht sich im reinsten Licht!

Ohne Lehlahel wäre also das kleine Werk niemals im Ganzen erschienen! Es steckt eine große Macht in den Versen, weil sie als Mantram gesprochen zu der Verbindung mit der Gottesidee führen. Es handelt sich ja um den längsten Namen Gottes und es ist in der Tat so, dass nahezu alle Ideen der

Gottheit erfahren werden können!

Der Runen-Magie gab ich die alte Qualität zurück, denn sie ist zu schade, als dass sie verschwindet oder falsch interpretiert wird. Sie ist eng verwandt mit der Quabbalah und ebenso wirksam. Von mir praktiziert, kann man nur sagen: großartig! Es ist aber von großem Vorteil, von einem Druiden oder von den Göttern gelenkt zu werden, weil diese Art der Magie sehr verführerisch ist und daher auch gefährlich.

Die 5. Tarotkarte: Alchemie – Die Mysterien des Steins der Weisen bearbeite ich gerade. Die Symbolik in der Astralwelt ist sehr schwer in die Sprache des Intellektes zu übersetzen! Die 4. Tarotkarte ist sehr dünn in Buchform, von daher dauerte die Übersetzung nicht so lange. Das Buch der Weisheit muss dünn sein, weil die Weisheit wenig sagt, aber viel bedeutet. Anders die Alchemie, sie hat einen anderen Charakter, wird auch an Seitenzahlen an die 400 haben. Dieses Gebiet der Magie hat mich nie so sehr angesprochen, aber gemäß meines Auftrages schreibe ich das Buch, um Arion zu ehren. Klein ist jeder Anfang und so muss ich die Gesetze der Chemie kennen, um die universelle Seite beschreiben zu können. Aber was bedeutet Zeit?

Mir wäre es nicht angenehm, an die Öffentlichkeit zu gehen, erstens hätte ich weniger Zeit für meine Schüler, zweitens schützt mich das Gesetz des Schweigens sehr gut. Ich denke, die besten Hermetiker sind die Unbekannten, welche sehr wohl in kurzer Zeit die Öffentlichkeit auf sich ziehen könnten.

Meine Mission ist auf 12 Schüler gerichtet, deren Förderung – die so weit geht, dass wenigstens die Besten unter ihnen bis zur Pforte des höheren Menschen kommen – das Wichtigste für mich ist. Da alle meine Fähigkeiten auf sie anwendbar sind, habe ich keine Sorge. Genien aus verschiedenen Ebenen wurden von mir beauftragt, alle die ernsthaften Schüler zu schützen und zu lenken, durch Intuition oder Inspiration, schlimme Krankheiten fernzuhalten, den Schutzgeist zu stärken und vieles mehr. Nur die, welche den Weg verlassen, müssen leider darauf verzichten. Ich sehe meine Schüler zu selten, das macht mich traurig, aber dies ist eine Forderung des Karmas, damit niemand die Selbstständigkeit verliert. Das käme einem Pakt sehr nahe. Um das zu verhindern, sehe ich einige Schüler sehr selten, aber jeder weiß, wenn Ereignisse sich überschlagen, so bin ich da. Denn es gäbe nichts auf dieser Welt, was mich aufzuhalten vermag, wenn es um meine „Kinder" geht!

Es gab in der Vergangenheit große Meinungsverschiedenheiten mit nicht gerade geringen Dämonen, zum Schluss konnten diese Dämonen jedoch nur meine Überzeugung anerkennen. Dies alles legte ich im „Buch Anion" fest. Diese Auseinandersetzungen werden sich auch in Zukunft weiter fortsetzen, denn nie werde ich einem von uns meine Hilfe verwehren. Nur mein Tod könnte mich aufhalten, aber nur in bedingter Weise, denn astral werden dann die Führungen zum Licht der Erkenntnis durch die Götter nicht beendet sein, denn ich bin für das Stoffliche zuständig. Nun: Ich habe ewige Leidenschaften, an denen ich mich erfreue!

Nachwort

Jeder Leser dieser kleinen Schrift wird finden, dass der Inhalt dermaßen außergewöhnlich ist, dass er zugeben muss, dass es sich hierbei nur um tiefste Wahrheiten handeln kann. In keinem anderen Buch wird er diese Weisheiten so deutlich erläutert finden. Man merkt, dass so nur ein wahrer Hermetiker sprechen kann. Dass es diesen „Magier" wirklich gegeben hat, belegt auch die Autobiografie „Auf der Suche nach Meister Arion", wo Einzelheiten zu diesem Buch noch genauer erklärt werden. Denn unsere gesamte Literatur ergibt einen wunderschönen Kreis, einen sogenannten magischen Kreis!

Hohenstätten

Anhang:

Um unseren Meister Arion zu ehren, haben wir uns entschlossen, im Anhang zu dieser Autobiografie seines Schülers Anion zwei Handschriften von ihm zu veröffentlichen.

Bei dieser Gelegenheit möchte ich ausdrücklich betonen, dass seine Mimik-Quabbalah runisch gesprochen werden muss, d. h., dass man am besten dazu Erfahrungen mit dem Raunen von Runen haben sollte, wie wir in unserer Reihe „Über die wahren Runen-Mysterien" eingehend beschrieben haben. Dadurch bekommen die Formeln von Bardon ihre schöpferische Wirkung und eine Heilung kann eintreten.

Doch bevor ich zu diesen beiden Handschriften komme, möchte ich noch eine kleine Begebenheit über die St. Johannis-Evokation berichten, wie sie mir Ariane erzählt hat, damit man einen ungefähren Eindruck von diesem mächtigen Ritual bekommt, das sogar ganze Schicksale zu ändern vermag:

„Ich möchte dir nun einen Ablauf einer solchen Evokation erzählen, damit du sie besser verwerten kannst. Wie du weißt, ist diese Evokation des reinsten Lichts ein Ritus der hohen Blauen Mönche, genauer gesagt, der 12 Alten. Da diese Götter das gesamte Schicksal aller Menschen, Planeten und Wesen bestimmen, untersteht auch diese Beschwörung ihrer Obhut. Da sie Götter sind, muss man zumindest einen gewissen Aspekt der Reinheit aufweisen, man sollte sich mit den Runen beschäftigen, damit das Ritual auch einen Zusammenhang mit den 12 Schöpfergottheiten bekommt. Denn dann hat es seine Heiligkeit durch die rituelle Reinheit erlangt.

Apropo Heiligkeit – man sollte sich bewusst sein, welche eine Ehre es ist, dieses Ritual durchzuführen, denn man muss schon ein gutes Stück des Weges gegangen sein, damit man überhaupt in der Lage ist, aus einem gewöhnlichen Wasser ein geweihtes zu machen. Dazu muss man eine göttliche Eigenschaft bei sich hervorrufen, man muss die Verbundenheit mit seiner Gottheit eingehen, und mit dieser dann das Wasser laden. Erst dann ist die Verwirklichung des Rituals möglich. Aber darüber schreibt der Meister eingehend in seiner Handschrift.

Es muss immer eine ungerade Zahl von Hermetikern sein, welche an diesem Ritus teilnehmen. Wir hatten dazu alle Hermetiker aus dem ersten Bardon-Kreis des Bundes ausgesucht, welche würdig dafür erschien. Es waren fünf an der Zahl. Alle durften 9 Tage lang kein Fleisch essen und mussten sich der sexuellen Betätigung enthalten. Und da ging es schon los, mit den Lügen, denn nicht alle hielten sich an diese Vorschrift. Des Weiteren konnten wir drei Wünsche äußeren, welche nicht egoistischer Natur sein sollten. Auch daran hielten sich nicht alle. Als wir dann einen Platz gefunden hatten, wo genügend Farn zum Pflücken war, legten wir den dafür benötigten Kreis aus Leinen aus, warteten bis es Mitternacht war, und vollzogen den Ritus so, wie es der Meister beschrieben hat, machten die rituellen Gesten und sprachen das dazugehörige Gebet. Genau beim Glockenschlag um 12 Uhr (Sommerzeit beachten!) wurde dieses Ritual durchgeführt. Am Ende mussten wir uns alle sammeln, und noch einige Minuten verbleiben. Was dann passierte, war sagenhaft. Plötzlich rasselte es im Gebüsch, man hörte Schritte von einem zweibeinigen Wesen, die Gnome verdichteten sich um uns und machten dadurch auf sich aufmerksam. Sie ehrten durch ihre Anwesenheit das hohe Ritual. Dann sollten wir in den Himmel blicken, das taten wir und sahen einen hell erleuchteten Horizont, so wie wenn es Tag gewesen wäre. Wir waren darüber mehr als nur erstaunt. Ich persönlich konnte nicht meinen Blick vom Himmel lassen. Das rührt daher, dass wir das geistige Licht durch diese Ritual bis in die Materie verdichteten, um in ihm die Wünsche zur Verwirklichung zu legen.

Aber alles hat zwei Seiten. Darum erzählte ich dir, dass manch ein Mitglied sehr egoistisch dachte und auch solche Wünsche äußerte. Was war die Folge davon? Der Göttervater Zeus, der Herr der Blitze, sendete einen Blitz inmitten des Baumes, der auf der Wiese stand, wo wir das Ritual vollzogen hatten. Damit wollte er uns zeigen, dass Fehler aufgetreten sind. Als wir später an dieser Stelle vorbei kamen, sah man nur einen gespaltenen Baum, der abgebrannt war. Er steht noch heute in Castrop-Rauxel in der Nähe von Dortmund.

Diejenigen, die solche, sagen wir mal, zerstörerische Wünsche äußerten, wurden nicht ohne Belehrung belassen. Sie wurden entweder krank, oder arbeitslos, und kamen ab von hermetischen Weg. Wieso, wirst du fragen? Ganz einfach, weil man die Götter nie erzürnen sollte!"

Mimische Formelkabala zu Heilungen:

Die unterstrichenen Buchstaben werden lang ausgesprochen evtl. des öfteren repetiert:

T Mimik:

Formel: M U U – i – E – A – O – A – E – i.

Krankheit: Luftwege, Katarrhe, Schnupfen. etc.

E Mimik:

Formel: M E i B E N

(Das T wird um eine Oktave höher gesprochen.)

Krankheit: Halskrankheiten, Kropf.

E Mimik: Mei M E i M E N

(Das zweite T um eine Oktave höher. – "Men" kurz.

Krankheit: Halskrankheiten, Kropf.

2)

E Mimik:
Formel: MEiMY MEiMEN.
(Das Y immer um eine Oktave höher, "Men" kurz
Krankheiten: Halskrankheiten, Brust, Darm,
Purgieren, Verstopfung.

_____

A Mimik:
Formel: MAMANAH
Krankheit (Universal!) gegen jede
Erkrankung.

_____

A Mimik:
Formel: MAMNAEL
Krankheit: Lunge, Hals, u. Gehirn.

_____

A Mimik:
Formel: AHA
Krankheit: Physische Schwäche, geistige
Abgespanntheit, Depression.

_____

A Mimik:
Formel: PiUHY
geatmet wird nur durch die Nase, Formel
wird nur gedacht (nicht ausgesprochen!)
Vorgestellt wird, so wie wenn man in Etwas
untertauchen wollte.
Krankheit: Schlaflosigkeit, Aufgeregtheit

_____

Ä Mimik:

Formel: ~~PÄHHHH~~ .

H Ä H L

Ausgesprochen wie beim Gähnen. Eingeatmet wird durch die Nase. Auch in dieser Mimik wird der Atem angehalten.

Krankheit: Arterienverkalkung (meist im Gehirn) Müdigkeit, Schwäche, Schwindligkeit.

OA Mimik:

Formel: M O A M

Krankheit: Lungenleiden.

OA Mimik:

Formel: M O A M L

Krankheit: Rippenfell u. Gehirn.

OA Mimik:

Formel: M I M I

(schnell mimimimi) Wollen wir auf die Gedärme einwirken, schnell mimimimi
muh mimimi....... M I M U H M I

Krankheit: aufgeregte Zustände.

4.) <u>OA</u> Mimik:

    <u>Formel</u>: OA, OA, OA......

Tief einatmen aber langsam halte den Atem ohne Mimik an, kurz u. mit Pausen ausatmen, dabei oa, oa, oa aussprechend.

    Krankheit: <u>Lungen, Herz, Magen,</u>

<u>O</u> Mimik:

    <u>Formel</u>: M P O M

    Krankheit: Herzkrankheiten.

<u>O</u> Mimik:

    <u>Formel</u>: M P O M P E L

Krankheit: Herz – Gehirn- u. Halsleiden

<u>Ö</u> Mimik:

    <u>Formel</u>: M P Ö M

    Krankheit: Milz u. Leberleiden.

<u>U</u> Mimik:

    <u>Formel</u>: M U K U H

    Krankheit: Darmleiden.

U Mimik:

Formel: ÜÜ

Wir atmen mit einem Druck auf die untere Bauchpartie aus, u. in passiver Haltung sprechen wir obengenannte Formel aus.

Krankheiten: Krankheiten am After, oder Scheide, u. alle Geschlechtskrankheiten überhaupt.

O U Mimik:

Formel: OU, OU, OU,

Langsam u. tief einatmen, Atem ohne Mimik anhalten. Kurz u. in Pausen ausatmend, dabei obengenannte Formel aussprechend.

Krankheit: Verdauungsbeschwerden

Ü Mimik:

Formel: M P Ü M.

Krankheit: Nieren erkrankung

N. B.:

Nach jedem Gebrauch einer kabbalistischen Formel werden einige Erholungsatemzüge eingeschaltet.

St. Johannes- Evokation:

Das Ritual zur Pflückung von Farnkraut in der Nacht St. Johannes (24.6.)

Einleitung:

Die Sage erzählt, daß in der Nacht des St. Johannes, genau um Mitternacht das Farnkraut mit einer goldenen Zeite blüht, und wer sie in diesem Moment reißt, dem bringt sie Glück.

Die Sage hat einen okkulten Untergrund. Es ist die Nacht der Sonnenwende, welche so geehrt wird in den Bruderschaften der Eingeweihten. In dieser Nacht aufgeworfener Wunsch magnetisiert die Astralebene (Astral-Licht), wenn diese Aufwerfung durch einen rechten Ritualvorgang begleitet ist. In diesem Falle ist es das Abpflücken des Farnkrautes (Amulat 12 Uhr Mitternacht). Die Reflexe des aufgeworfenen Wunsches erfüllen sich in einem Jahre. Es wird aber vorausgeschickt, daß es sich nur um gute Wünsche handelt.

%.

102

Hände weg vor Wünschen die an die schwarze Magie grenzen.

Vorbereitung:

Suche Dir einen Platz, wo Farnkraut wächst und präge ins Gedächtnis seine genaue Lage. Den letzten Sonntag vor der St. Joh. Nacht in der Vormittagsstunde (der Sonne) bereite Dir ein Stück weißes Leinwand vor (oder ein Taschentuch), es muß nicht neu sein, in ein Päckchen. Ferner bereite Dir vor etwas geweihtes Wasser (durch ein magisches Ritual). Das geweihte Wasser kann auch älteren Datums sein und braucht nicht frisch geweiht zu werden.

Die persönliche Vorbereitung genügt einen Tag vor dem Ritual und zwar in der Form wie bei anderen Ritualen; Meditationen, Gesänge usw.)

Die geschlechtl. Enthaltsamkeit und 8)
Reinheit sollst Du 9 Tage bewahren.
Wähle Wünsche, die Du am Herzen
hast und zwar einen Wunsch oder
drei Wünsche, formuliere sie genau
im Gehirn und Bewusstsein, damit
Du genau weißt, was Du willst.

Vorbereitung vor dem Ritual.

Auf dem Bestimmungsplatz
in der Nacht stelle den Ausgangspunkt fest, d. i. der Platz, aus dem
Du in der Nacht ausgehst.

Denn bestimme den Weg,
den Du gehen sollst, bis auf die
Stelle, wo das Farnkraut wächst
und bestimme Du den Weg zurück
und zwar so, damit Du Dich
am Rückweg weder umdrehst
noch umwendest, sondern, damit
Du am Retourweg auf Deinen Ausgangspunkt wieder zurückkehrst.

Ritual: Die Zeit wähle so, daß Du
einige Minuten vor Mitternacht am
Bestimmungsplatze bist. Stelle Dich
innerinnig auf Deinen Ausgangspunkt und evoziere innerinnig:
   „Aus meiner ganzen Seele,
aus meinem ganzen Willen,
aus freiem Vorsatz bitte ich
Dich innerinnig, damit Du
mir zu Hilfe eilest, zu mir
Schwachem, Unentschlossenen und
Zaghaften. — O, mein Vater,
erhöre mein innerinniges
Bitten, gebe mir Kraft des
Willens, Stärke und Beständigkeit, damit ich stets nach
meinem Ziele schreite und
treulich nachfolge den Beispielen,
die mir die vollkommenen
Brüder geben.
   Gebe mir Geduld und Fleiß
zur Arbeit und gebe mir ein,
wie ich am meisten meinem
Nächsten helfen kann. Deine
Liebe ist nicht erschöpft zu

allen Geschöpfen, sie möge auch [19]
mein Herz erfüllen, damit ich
stets so schreite, um niemand
bewusst und unbewusst zu
schaden.

Erhöre mich in Deinem Namen
✝, Deines Sohnes ✝ und aller Heiligen ✝
Amen.'

Dort, wo Kreuze sind, bekreuzigst
Du Dich, Du betest, wenn Du allein
gehst, gehen mehrere, segnest ihnen.

Bist Du fertig mit Deinem
Gebet, sprichst Du: „In manus
Tuas Domine "—, und gehst
als Erster zum Eingang des
Kreises. Am Wege, wo Du den
Kreis machst, darfst Du Dich
weder umsehen, noch sprechen,
ja nicht einmal flüstern.

Wenn es nötig ist, kannst
Du Dir am Wege leuchten, das
Lämpchen darf aber nicht
elektrisch sein!

./.

106

Ihrer Euch mehrere, so wähle eine ungerade Zahl. Das Kreuz läßt sich auch mit einem magischen Kreuz ersetzen.

Wenn Du an der Stelle bist, mache über Dich ein Kreuz, oder ein Pentagramm oder ein anderes wichtiges magisches Pentakel. Nehme aus Deinem Päckchen die Tücher heraus, breite sie aus, bereite sie in Deiner Hand und erwarte auf Deiner Uhr die richtige Zeit.

Punkt um Mitternacht! Warte noch 3 Sekunden über 12 Uhr nachts und mit dem Leinentuch beginnst Du das Farnkraut abzupflücken.

— · —

Ruhig und langsam reiße mit dem einen Ende des Tuches das erste Farnkraut und in Gedanken sage Deinen Wunsch, winde es um und mit dem nächsten Ende des Tuches pflücke das zweite

107

Rück von Farnkraut und in Ge-
danken sage den zweiten Wunsch.
Dasselbe machst Du mit dem dritten
Zipfel, daß Du das dritte abreißt und
den dritten Wunsch sagst.

Hast Du nur einen einzigen
Wunsch, wiederholst Du ihn drei-
mal, hast Du drei Wünsche, dann
dreimal magisch hintereinander
bei Abreißung eines jeden Stengels.

Hast Du alle drei Zauberkräu-
ter gepflückt, dann gebe sie
in die linke Hand, hülle sie
in den letzten Zipfel Deines Tuches
ein, gib jedoch acht, daß Du
nicht unnötig Stengel oder
etwas von der Pflanze abbrichst.
Verwahre sie gut, damit sie einem
zweiten nicht in die Hände
kommen. ---·---

Merke abermals: Sprechen darfst
Du auf keinen Fall. Die Wünsche sagst
Du im Geiste! ---·---

Hierauf besprenge dreimal mit Weihwasser den Ort, wo Du die Pflanzen abgepflückt hast und gehe weiter im Kreis zurück, bis Du zu dem Punkt angelangt bist, wo Du ausgingst.

Am Rückwege sprenge dreimal mit Weihwasser rechts und links (es genügen kleine Spritzer)

Wenn Du zurückgekehrt bist, trachte, dass Dein durch den Gang hervorgerufener ~~Kno~~ Kreis genau geschlossen wird, lieber ein paar Schritte übergehen, damit er ja nicht offen bleibt. Nachher mache drei Schritte auf die Seite.

Nachher bete im Geiste ein beliebiges Gebet (Dankgebet). Definitiv packe Deine Darnkräuter gut ein, lege sie in die Tasche.

Nach dem Ritual darfst Du mindestens eine Stunde nicht schlafen! Entweder gehe, sitze, tue was Du willst, nur nicht schlafen!

Orientationsbild der ganzen Operation: 2)

3 Schritte ——— seitwärts

Ritual Farnkraut

Vorübergehen Ankommen Ausgangspunkt

Ausgangs- Punkt

3. Spreng. 1x r. 1x l.

1. Sprengen 1x r. 1x l.

2. Sprengen (1x rechts, 1x links)

Bemerk.: Hast Du irgendwelche Talismane, so nimm sie Dir auf den Weg mit.

Die Worte „In manus tuas Domine" müssen die letzten sein vor dem Ausgang um den Kreis, dann darfst Du nicht mehr sprechen bis zur Rückkehr.

Wenn Du die Mitternacht festgestellt hast, zähle im Geiste noch 3 Sekunden, ehe Du beginnst.

Bringst Du nach einem Jahr frisches Farnkräuter, kannst Du die alten verbrennen, nicht eher.

%

110

Beginne den Kreis zu machen, indem Du mit dem rechten Fuß ausgehst.

Das Gebet vor dem Ritual ist mit ausgebreiteten Händen zu tun, die Handflächen nach oben.

Habe Verlangen – wage – und schweige!
Amen!

1. Abschrift:

Mimische Formelquabbalah zu Heilungen:

Die unterstrichenen Buchstaben werden lang ausgesprochen evtl. des öfteren repetiert.

I-Mimik:

Formel: MUU-I-E-A-O-A-E-I
Krankheiten: Luftwege, Katarrhe, Schnupfen etc.

E-Mimik:

Formel: M E I B E N
(Das I wird um eine Oktave höher gesprochen)
Krankheit: Halskrankheiten, Kropf.

E-Mimik:

Formel: M ei M E I MEN
(Das zweite I um eine Oktave höher – „MEN" kurz)
Krankheit: Halskrankheiten, Kropf.

E-Mimik:

Formel: M E I M U M E I MEN
(Das I immer um eine Oktave höher, „MEN" kurz)
Krankheiten: Halskrankheiten, Brust, Darm, Purgieren. Verstopfung.

A-Mimik:

Formel: M A M A M A H
Krankheit: (Universell) gegen jede Erkrankung

Formel: M A M N A E L
Krankheit: Lunge, Hals und Gehirn

A-Mimik:

Formel: A H A
Krankheit: Physische Schwäche, geistige Abgespanntheit, Depression

A-Mimik:

Formel: P I U H U
Geatmet wird nur durch die Nase, Formel wird nur gedacht, (nicht ausgesprochen!). Vorgestellt wird so wie wenn man in Etwas untertauchen wollte.
Krankheit: Schlaflosigkeit, Aufgeregtheit

Ä-Mimik:

Formel: H Ä H L
Ausgesprochen wie beim Gähnen. Eingeatmet wird durch die Nase. Auch in der Mimik wird der Atem angehalten.
Krankheit: Arterienverkalkung (meist im Gehirn), Müdigkeit, Schwäche, Schwindligkeit

OA-Mimik:

Formel: M O A M
Krankheit: Lungenleiden

OA-Mimik:

Formel: M O A M L
Krankheit: Rippenfell und Gehirn.

OA-Mimik:

Formel: MIMI
(schnell mimimimimimimimimimimimi). Wollen wir auf die Gedärme einwirken, schnell mimimim muh mimimimi ….......
M I M U H M I
Krankheit: aufgeregte Zustände.

OA-Mimik:

Formel: OA, OA, OA ....
Tief einatmen, aber langsam, halte den Atem ohne Mimik an, kurz und mit Pausen ausatmen, dabei OA, OA, OA ..... aussprechend.
Krankheit: Lunge, Herz, Magen

O-Mimik:

Formel: M P O M
Krankheit: Herzkrankheiten

O-Mimik:

Formel: M P O M P E L
Krankheit: Herz, Gehirn und Halskrankheiten.

Ö-Mimik:

Formel: M P Ö M
Krankheit: Milz- und Leberleiden.

U-Mimik:

Formel: M U K U CH
Krankheit: Darmleiden.

U-Mimik:

Formel: U I
Wir atmen mit einem Druck auf die untere Bauchpartie aus, und in passiver Haltung sprechen wir obengenannte Formel aus.
Krankheiten: Krankheiten am After, Scheide und alle Geschlechtskrankheiten überhaupt.

OU-Mimik:

Formel: OU, OU, OU
Langsam und tief einatmen, Atem ohne Mimik anhalten. Kurz und in Pausen ausatmend, dabei obengenannte Formel aussprechen.
Krankheit: Verdauungsbeschwerden

Ü-Mimik:

Formel: M P Ü M
Krankheit: Nierenerkrankungen

*

N.B. Nach jedem Gebrauch einer kabbalistischen Formel werden einige Erholungsatemzüge eingeschaltet.

*

Hinweise zur Anwendung:

- Maximal pro Tag 21x sprechen der Formel
- 7x für jede Ebene
- gilt für alle Formeln, nicht nur für die Mimik
- 1. Tag 7x, dann jeden weiteren Tag 1x mehr. Am 2. Tag 8x, am 3. Tag 9x usw.
- Wenn man eine Formel 462 mal schwingen lassen hat, können sogar unheilbare Krankheiten oder auch Krebs damit beseitigt werden.
- Die Formeln stehen bei Beherrschung über dem Schicksal.
- Müssen nur richtig schwingen, summen oder vibrieren!

2. Abschrift:

St. Johannes-Evokation:

Das Ritual zur Pflückung von Farnkraut
in der Nacht St. Johannes (24.6.)

Einleitung:

Die Sage erzählt, dass in der Nacht des St. Johannes, genau um Mitternacht das Farnkraut mit einer goldenen Blüte blüht, und wer sie in diesem Moment reißt, dem bringt sie Glück.

Die Sage hat einen okkulten Untergrund. Es ist die Nacht der Sonnenwende, welche so geehrt wird in den Bruderschaften der Eingeweihten. In dieser Nacht aufgeworfener Wunsch magnetisiert die Astralebene (Astral-Licht), wenn diese Aufwerfung durch einen rechten Ritualvorgang begleitet ist. In diesem Falle ist es das Abpflücken des Farnkrautes (Punkt 12 Uhr Mitternacht). Die Reflexe des aufgeworfenen Wunsches erfüllen sich in einem Jahre. Es wird aber vorausgeschickt, dass es sich nur um gute Wünsche handelt. Hände weg von Wünschen die an die schwarze Magie grenzen.

Vorbereitung:

Suche Dir einen Platz, wo Farnkraut wächst und präge im Gedächtnis seine genaue Lage ein. Den letzten Sonntag vor der St. Joh. Nacht in der Vormittagsstunde (der Sonne) bereite Dir ein Stück weißes Leinwand vor (oder ein Taschentuch), es muss nicht neu sein, in ein Päckchen. Ferner bereite Dir vor etwas geweihtes Wasser (durch magisches Ritual). Das geweihte Wasser kann auch älteren Datum sein und braucht nicht frisch geweiht zu werden.

Die persönliche Vorbereitung genügt einen Tag vor dem Ritual und zwar in der Form wie bei anderen Ritualen, Meditationen, Gesänge (=Runen. Der Hrsg.) usw.

Die geschlechtliche Enthaltsamkeit und Reinheit sollst Du 9 (neun) Tage bewahren. Wähle Wünsche, die Du am Herzen hast und zwar einen oder drei Wünsche, formuliere sie genau im Gehirn und Bewusstsein, damit Du genau weißt, was Du willst.

Auf dem Bestimmungsplatz in der Nacht stelle den Ausgangspunkt fest, d. i. der Platz, aus dem Du in der Nacht ausgehst.

Dann bestimme den Weg, den Du gehen sollst, bis auf die Stelle, wo das Farnkraut wächst, und bestimme Dir den Weg zurück und zwar so, damit Du Dich am Rückweg weder umdrehst noch umwendest, sondern damit Du am Retourweg auf Deinen Ausgangspunkt wieder zurückkehrst.

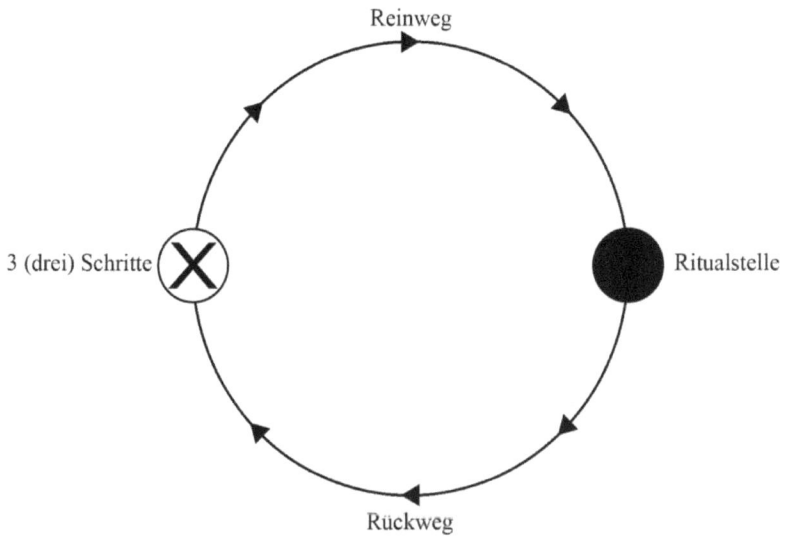

Reinweg

3 (drei) Schritte

Ritualstelle

Rückweg

Ritual:

Die Zeit wähle so, dass Du einige Minuten vor Mitternacht am Bestimmungsplatze bist. Stelle Dich inbrünstig auf Deinen Ausgangspunkt und evoziere inbrünstig:

„Aus meiner ganzen Seele, aus meinem ganzen Willen, aus freien Vorsatz bitte ich Dich inbrünstig, damit Du mir zu Hilfe eilest, zu mir Schwachen, Unentschlossenen und Zaghaften. – O, mein Vater, erhöre mein inbrünstiges Bitten, gebe mir Kraft des Willens, Stärke und Beständigkeit, damit ich stets nach meinem Ziele schreite und treulich nachfolge den

Beispielen, die mir die vollkommenen Brüder geben.

Gebe mir Geduld und Fleiß zur Arbeit und gebe mir ein, wie ich am meisten meinen Nächsten helfen kann. Deine Liebe ist nicht erschöpft zu allen Geschöpfen, sie möge auch mein Herz erfüllen, damit ich stets so schreite, um niemand bewusst und unbewusst zu schaden.

Erhöre mich in Deinem Namen +, Deines Sohnes + und alles Geistes +, Amen."

Dort, wo Kreuze sind, bekreuzigst Du Dich, Du betest, wenn Du allein gehst, gehen mehrere, segnest ihnen.

Bist Du fertig mit Deinem Gebet, sprichst Du: „In manus tuas Domine" –, und gehst als Erstes zum Eingang des Kreises. Am Wege, wo Du den Kreis machst, darfst Du Dich weder umsehen, noch sprechen, ja nicht einmal flüstern.

Wenn es nötig ist, kannst Du Dir am Wege leuchten, das Lämpchen darf aber nicht elektrisch sein!

Gehen auch mehrere, so wähle eine ungerade Zahl. Das Kreuz lässt sich auch mit einem magischen Kreuz ersetzen.

Wenn Du an der Stelle bist, mache über Dich ein Kreuz, oder ein Pentagramm oder ein anderes wichtiges magisches Pentakel. Nehme aus Deinem Päckchen die Tücher heraus, breite sie aus, bereite sie in Deine Hand und erwarte auf Deine Uhr die richtige Zeit.

Punkt um Mitternacht! Warte noch 3 (drei) Sekunden über 12 Uhr nachts und mit dem Leinentuch beginnst Du das Farnkraut abzupflücken.

Ruhig und langsam reiße mit dem einen Ende des Tuches das erste Farnkraut und in Gedanken sage Deinen Wunsch, winde es um und mit dem nächsten Ende des Tuches pflücke das zweite Stück vom Farnkraut und in Gedanken sage den zweiten Wunsch. Dasselbe machst Du mit dem weiteren Zipfel, dass Du das dritte abreißt und den dritten Wunsch sagst.

Hast Du nur einen einzigen Wunsch, wiederholst Du ihn dreimal, hast Du drei Wünsche, dann dreimal magisch hintereinander bei Abreißung eines jeden Stengels.

Hast Du alle drei Stücke Farnkräuter gepflückt, dann gebe sie in die linke Hand, hülle sie in den letzten Zipfel Deines Tuches ein, gib jedoch acht, dass Du nicht unnötig Stengel oder etwas von der Pflanze abbrichst. Verwahre sie gut, damit sie einem zweiten nicht in die Hände kommen.

Merke abermals: Sprechen darfst Du auf keinem Fall. Die Wünsche sagst Du im Geiste!

Hierauf besprenge dreimal mit Weihwasser den Ort, wo Du die Pflanzen abgepflückt hast und gehe weiter im Kreis zurück, bis Du zu dem Punkt angelangt bist, wo Du ausgingst.

Am Rückwege sprenge dreimal mit Weihwasser rechts und links (es genügen kleine Spritzer).

Wenn Du zurückgekehrt bist, trachte, dass Dein durch den Gang hervorgerufener Kreis genau geschlossen wird, lieber ein paar Schritte übergehen, damit er ja nicht offen bleibt. Nachher mache drei Schritte auf die Seite.

Nachher bete im Geiste ein beliebiges Gebet (Dankgebet). Definitiv packe Deine Farnkräuter gut ein, lege sie in die Tasche.

Nach dem Ritual darfst Du mindestens eine Stunde nicht schlafen! Entweder gehe, sitze, tue was Du willst, nur nicht schlafen.

Orientationsbild der ganzen Operation:

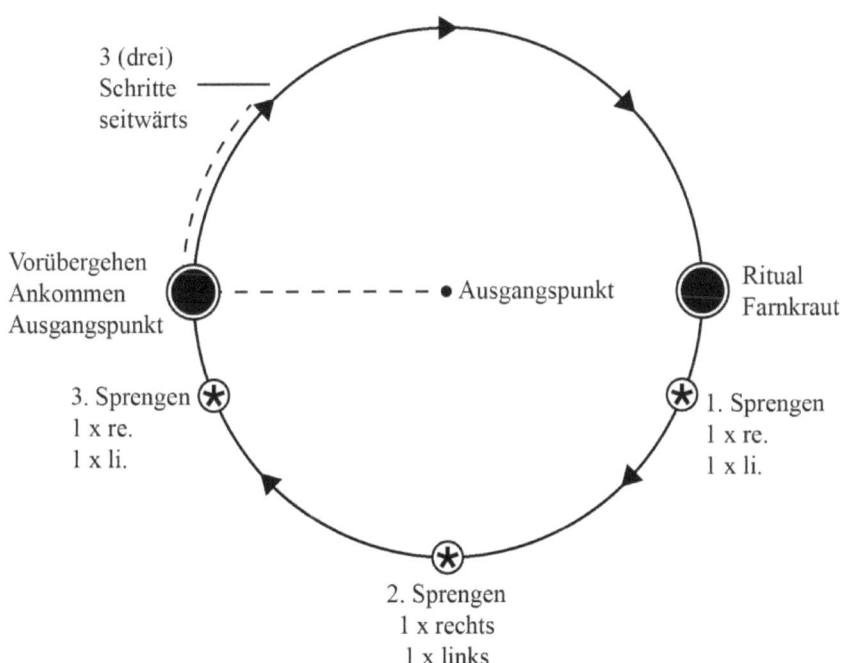

Bemerke: Hast Du irgendwelche Talismane, so nimm sie Dir auf den Weg mit (die Ladung verstärkt sich von alleine! Der Hrsg.).

Die Worte „In manus Tuas Domine" müssen die letzten sein vor dem Ausgang um den Kreis, dann darfst Du nicht mehr sprechen bis zur Rückkehr.

Wenn Du die Mitternacht festgestellt hast, zähle im Geiste noch 3 Sekunden, ehe Du beginnst.

Bringst Du nach einem Jahr frische Farnkräuter, kannst Du die alten verbrennen, nicht eher.

Beginne den Kreis zu machen, indem Du mit dem rechten Fuß ausgehst.

Das Gebet vor dem Ritual ist mit ausgebreiteten Händen zu tun (Runenstellung! Der Hrsg.), die Handflächen nach oben.

Habe Verlange – wage – und schweige!

Amen

Das goldene Blatt der Weisheit
Seila Orienta/Franz Bardon

Zum ersten Mal in der okkulten Literatur wird die 4. Tarotkarte des Hermes Trismegistos verständlich beschrieben und offengelegt. Sie beinhaltet unbekannte Konzentrations- und Meditationsübungen. Des Weiteren gibt sie Hinweise und erklärt die Unterschiede zwischen Magie und Mystik und Gefahren des einseitigen Weges. Am Ende steht die Verbindung mit der universellen Gottheit, dem Herrn der Sonnensphäre, welcher quabbalistisch „Metatron" genannt wird.

*

5. Tarotkarte – Mysterien des Steins der Weisen
Seila Orienta/Franz Bardon

Dieses Buch stellt die Vorderseite der Alchemie dar, die die einzelnen praktischen Übungsschritte erklärt, ohne die verschlüsselten Mystifikationen der alten Alchemisten auch nur annähernd zu erwähnen, wie man es aus den anderen Büchern des Franz Bardon kennt. Es wird erklärt, dass ohne vollkommene Beherrschung der 4 Elemente keine Alchemie möglich ist. Des Weiteren wird mit den einzelnen Ebenen, mit den Matrizen, dem elektromagnetischen Fluid usw. gearbeitet. Doch der Hauptpunkt stellen die göttlichen Eigenschaften wie z. B. die Allmacht dar, mit denen der Göttliche Stein der Weisen durch gewisse Übungen geladen wird.

*

Talismanologie und Mantramkunde
Seila Orienta/Franz Bardon

Zum ersten Mal werden hier (magisch) geladene Mantrams – Gebetssätze – preisgegeben, welche bei nötiger Reife, Ausgeglichenheit und Reinheit durchdringende Erfolge versprechen. Mantrams sind ja nach Bardon nicht irgendwelche „Suggestionssätze", sondern sie sind Ideenausdrücke, mit denen man mit Mächten, Kräften, Eigenschaften, also Gottheiten, in Verbindung kommen kann. Gleichzeitig werden die dazugehörigen Siegelzeichen der göttlichen Ideen preisgegeben, welche im rituellen

Zusammenhang mit den Mantrams stehen. Ein Buch, dass nicht nur die Hermetiker, sondern auch die Anhänger der Yogawissenschaften inspirieren wird!

*

Eine Sammlung der schönsten und lehrreichsten Beschwörungsgeschichten
Hohenstätten

Dieses Buch ist einzigartig, denn es zeigt den zweiten Band von Franz Bardon an Hand von interessanten Evokationsberichten, die genau das bestätigen, was Bardon in seinem Buch geschrieben hat, und noch darüber hinaus. Es werden sensationelle Erlebnisse geschildert, die man sonst niemals findet. Auch aus unveröffentlichten Schriften wird zitiert.

*

Verkörperungen des Meister Arion
Hohenstätten

Man wird beim Lesen dieses Buches nicht glauben, wie viele bekannte und unbekannte Inkarnationen Franz Bardon hatte. Die paar, die im „Frabato" bekannt gegeben wurden, stellen nur einen geringen Teil seiner Verkörperungen dar. Wir mussten, da es dermaßen wenig Literatur über die Verkörperungen gab, wieder hunderte und aberhunderte von Büchern, Aufsätzen, Zeitschriften und Artikeln durcharbeiten, bis wir genügend Material für dieses Buch hatten. Aber der Leser wird sich beim Lesen sicherlich über unsere Arbeit freuen, denn sie wird ihn in Erstaunen versetzen!

*

Shamballa, der goldene Tempel des Lichts
Hohenstätten

Dieser Tempel dürfte jeden Leser von Bardons Roman „Frabato" fasziniert haben. Dass es aber in der okkulten Literatur noch viel mehr Informationen darüber gibt, die man aber nur findet, wenn man alles Veröffentlichte gelesen hat, dürfte dem einen oder anderen unbekannt sein. Es wurden wieder ganze Stöße von Büchern durchgesehen und das Ergebnis wird hier veröffentlicht. Es wird aber gleichzeitig darauf hingewiesen, wie viel Schundliteratur es darüber gibt, wie viel Lügen im Umlauf sind, damit sich der Schüler der Hermetik ein klares Bild machen kann. Wir bringen in diesem Buch alles, was wir an Material darüber gefunden haben und es wird auch noch einiges aus der eigenen Erfahrung, was das Wertvollste ist, mitgeteilt. Nicht nur über den Tempel wird berichtet, sondern auch über die damit verbundene „Bruderschaft des Lichts", dessen Sitz er darstellt.

*

Auf der Suche nach Meister Arion
Hohenstätten

Diese Autobiographie eines Schüler der Hermetik des Franz Bardon schildert sein magische Leben, in welcher zahlreiche Erfahrungen zu den Übungen aus dem Adepten geschildert werden, die die Hauptperson selbst erlebt hat. Es wird der schwere Weg des Adepten aus autobiographischer Sicht gezeigt, seine vielen Tiefschläge, aber auch seine glanzvollen Seiten und Zeiten. Der harte Kampf mit dem Seelenspiegel wird bis in alle Einzelheiten aufgezeigt, genauso wie die vielen anderen Wege, in welche der Autor reinschnupperte, um dadurch reichlich Erfahrung sammeln zu können. Darüber hinaus enthält es unzählige Erfahrungen und Berichte betreffs Mantramistik nach Bardon, die wahre Runenmagie, zahlreiche Evokationen sowie Invokationen mit seinem Lehrer Anion, einen magischen Exorzismus, wie er bisher noch nie öffentlich geschildert wurde. Mentalreisen, Beeinflussungen, Übungen zur Gottverbundenheit, Erscheinungen, Alchemie, Heilungen mit den verschiedensten magischen Methoden z. B. Quabbalah oder durch die Elemente, Schutzgeistevokationen und viele andere magische „Wunder" seines Freundes und Lehrers Anion. Auch einige magische Fotos in Farbe, ein bisher von Bardon unveröffentlichtes Akashafoto von Christus und ein Bild des schwebenden Meister Arion werden in diesem Buch preisgegeben. Der Inhalt ist viel reichlicher, als hier kurz beschrieben werden kann.

*

Magisches Gleichgewicht
Hohenstätten

Dieses Buch zeigt eindeutig, dass in allen anderen Systemen das „Gleichgewicht" genauso gebraucht wird, wie bei Bardons Werken. Er war nicht der Einzige, der das erwähnte, aber er war der Erste, welcher es deutlich erklärte, denn die anderen Systeme sprachen nur durch das Symbol, welches nicht jedem Leser verständlich war. Obendrein bringen wir noch Unveröffentlichtes vom Meister Arion zu dieser Grundlage der

123

magischen Entwicklung.

*

Das Leben und die Erfahrungen eines wahren Hermetikers
Seila Orienta

Diese Autobiographie eines Magiers ist unübertroffen, denn bis jetzt hat kein einziger, okkult Geschulter, so offen und ehrlich gesprochen wie Seila Orienta. Er gibt in diesem Werk sein Leben bekannt, sowie seine zahlreichen und äußerst interessanten Erlebnisse und Erfahrungen. Es werden auch zum ersten Mal Fotos von Wesen der Sphären gezeigt, welche Franz Bardon höchstpersönlich in den 20ern gemacht hat. Des Weiteren schreibt Seila Orienta über die Sphären, über Dämonen, Logenkontakte und vieles, vieles mehr, was einem ehrlich strebenden Hermetiker das Herz übergehen lassen wird.

*

Das Leben des Franz Bardon
Hohenstätten

Dieses Buch beschreibt das Leben des Meisters außerhalb des Frabatos, welches seine Sekretärin – Otti V. – geschrieben hat. Es beinhaltet Erklärungen zu seiner „Biografie", weitere Einzelheiten über den Kampf mit der FOGC, seine Beziehung zu Wilhelm Quintscher und anderen Okkultisten, was alles bisher unbekannt war! Des Weiteren werden viele Erlebnisse seiner Schüler in Prag erzählt, verschiedene magische Leistungen und interessante Geschichten Bardons beschrieben, die bis dato unveröffentlicht sind. Es werden auch seine drei Lehrwerke und deren Wirkung auf die Öffentlichkeit von einem anderen, unbekannten Standpunkt geschildert, welcher durch bisher schwer zugänglichen Schriften unterstützt wird. Als Krönung wird seine aus dem tschechischen übersetzte „Runenschrift" zum ersten Mal veröffentlicht. Auch einige Seiten aus anderen unveröffentlichten Schriften von ihm sowie interessante Fotos des Meister Bardon und seiner Freunde werden hier preisgegeben und vieles, vieles mehr.

*

In Verbindung mit der Gottheit
Hohenstätten

Über das Thema der Gottverbundenheit mit all seinen Formen und

Methoden wurde bis heute noch nie ein Buch verfasst geschweige denn eine Schrift geschrieben. Man findet in der okkulten wie in der östlichen Literatur nur spärliche Hinweise, die größtenteils verschlüsselt sind oder so geschrieben wurden, dass man sie kaum versteht. Im Gegensatz dazu wird in diesem Buch offen dargelegt, dass das 1. kleine Arkanum der 78 Tarotkarten die Gottverbundenheit in ihrer Reinform darstellt.

*

Hermetische Heilmethoden
Hohenstätten

Dieses Buch stellt in der okkulten Literatur ein absolutes Unikum dar, denn über die Gesamtheit der okkulten Heilmethoden wurde bis jetzt noch NIE etwas Sinnvolles geschrieben. Es werden alle Heilmethoden erwähnt, die der hermetische Schüler mit Hilfe seiner bisher erlangten Konzentrationsfähigkeit ausüben und verwenden kann.

*

Erste hermetische Zeitschrift

„Der hermetische Bund teilt mit" ist eine der wenigen magisch-mystischen Zeitschriften, welche sich soweit als möglich auf die universelle Lehre von Franz Bardon bezieht. Sie versucht sich an die Gesetze des 4-poligen Magneten zu halten und vermittelt Wissen sowie Hinweise für die Praxis, damit der Leser die Möglichkeit hat, sie in seinen hermetischen Weg aufzunehmen und für sich gewinnbringend zu verarbeiten.

Noch viel mehr hermetische Literatur finden Sie auf unserer Website: http://www.hermetischer-bund.com.

Viel Vergnügen beim Stöbern!

Der Verlag

Der Wiederaufbau Hettstadts nach 1945

und

Ergänzungen zum „Kampf um Hettstadt"

Mike Geis